COMISSÃO TEOLÓGICA INTERNACIONAL

EM BUSCA DE UMA ÉTICA UNIVERSAL

NOVO OLHAR SOBRE A LEI NATURAL

Direção-geral: *Flávia Reginatto*
Editora responsável: *Vera Ivanise Bombonatto*
Tradução: *Geraldo Luiz Borges Hackmann*

© Libreria Editrice Vaticana, 2008

Nenhuma parte desta obra poderá ser reproduzida ou transmitida por qualquer forma e/ou quaisquer meios (eletrônico ou mecânico, incluindo fotocópia e gravação) ou arquivada em qualquer sistema ou banco de dados sem permissão escrita da Editora. Direitos reservados.

Paulinas
Rua Dona Inácia Uchoa, 62
04110-020 – São Paulo – SP (Brasil)
Tel.: (11) 2125-3500
http://www.paulinas.org.br – editora@paulinas.com.br
Telemarketing e SAC: 0800-7010081
© Pia Sociedade Filhas de São Paulo – São Paulo, 2009

INTRODUÇÃO[1]

1. Há valores morais objetivos capazes de unir os homens e de fazê-los procurar paz e felicidade? Quais são eles? Como discerni-los? Como colocá-los em prática na vida das pessoas e das comunidades? Estas questões de sempre em torno do bem e do mal são, hoje, mais urgentes do que nunca, na medida em que os homens tomaram mais consciência de formar uma só comunidade mundial. Os grandes problemas que se lhes colocam assumem, doravante, uma dimensão internacional, planetária, pois o desenvolvimento das técnicas de comunicação favorece uma interação crescente entre as pessoas, as sociedades e as culturas. Um acontecimento local pode ter repercussão planetária, quase imediatamente. Emerge, assim, a consciência de uma solidariedade global, que encontra seu fundamento último na unidade do gênero

---

[1] O tema "A busca de uma ética universal: novo olhar sobre a lei natural" foi apresentado à análise da Comissão Teológica Internacional. Para preparar este estudo, foi formada uma subcomissão, composta pelo Exmo. Dom Roland Minnerath, pelos Revmos. Professores Pe. Serge-Thomas Bonino, op (Presidente da subcomissão), Pe. Geraldo Luiz Borges Hackmann, Pe. Pierre Gaudete, Pe. Tonny Kelly CssR, Pe. Jean Liesen, Pe. John Michael McDermott, sj, pelo Professor Doutor Johannes Reiter e pela Professora Doutora Barbara Hallensleben, com a colaboração de S. Exa. Dom Luis Ladaria, sj, secretário geral, como também com a contribuição dos demais membros. A discussão geral aconteceu por ocasião das sessões plenárias da mesma CTI, acontecidas em Roma, em outubro de 2006 e 2007 e em dezembro de 2008. O Documento foi aprovado por unanimidade pela Comissão, na sessão de 1º a 6 de dezembro de 2008, e, depois, submetido ao seu Presidente, o Cardeal William J. Levada, que concordou com a publicação.

humano e se traduz pelo sentido de uma responsabilidade planetária. Assim, a questão de equilíbrio ecológico, da proteção do ambiente, das fontes e do clima torna-se uma preocupação premente, que interpela toda a humanidade e cuja solução ultrapassa largamente as fronteiras nacionais. Igualmente, as ameaças que o terrorismo, o crime organizado e as novas formas de violência e de opressão fazem pesar sobre as sociedades têm uma dimensão planetária. Os desenvolvimentos acelerados da biotecnologia, que ameaçam, por vezes, a própria identidade do homem (manipulações genéticas, clonagens...), apelam a uma urgente reflexão ética e política de alcance universal... Em tal contexto, a busca de valores éticos comuns adquire uma nova atualidade.

2. Por sua sabedoria, sua generosidade e, às vezes, seu heroísmo, os homens e as mulheres dão um testemunho vivo desses valores éticos comuns. A admiração que eles suscitam em nós é o sinal de uma primeira aquisição espontânea dos valores morais. A reflexão dos catedráticos e dos cientistas sobre as dimensões culturais, políticas, econômicas, morais e religiosas de nossa existência social nutre tal deliberação sobre o bem comum da humanidade. Há, também, os artistas que, através da manifestação da beleza, reagem contra a perda do sentido e renovam a esperança dos seres humanos. Da mesma forma, os homens públicos trabalham com energia e criatividade para fazer acontecer programas de erradicação da pobreza e da proteção das liberdades fundamentais. Muito importante é, também, o testemunho perseverante dos representantes das religiões e das tradições espirituais, que querem viver à luz da verdade última e do bem absoluto. Todos contribuem, cada um a sua maneira e em uma partilha recíproca, para promover a paz, uma ordem política mais justa, o sentido de responsabilidade comum, uma repartição equitativa das riquezas, o respeito ao ambiente, à dignidade da pessoa humana e aos seus direitos fundamentais. Todavia, esses esforços só podem ter sucesso se as boas intenções se apoiarem sobre um sólido acordo de base quanto aos bens e aos valores que representam as aspirações mais profundas do ser humano, a título individual e comunitário. Só o reconhecimento e a promoção desses valores éticos podem contribuir para a construção de um mundo mais humano.

3. A busca dessa linguagem ética comum concerne a todos os homens. Para os cristãos, misteriosamente ela está de acordo com a obra do Verbo de Deus, "luz verdadeira que ilumina todo homem" (Jo 1,9), e à obra do Espírito Santo, que sabe fazer nascer nos corações "amor, alegria, paz, longanimidade, bondade, fidelidade, mansidão, autodomínio" (Gl 5,22-23). A comunidade dos cristãos, que partilha "as alegrias e as esperanças, as tristezas e as angústias dos homens de hoje" e "se sente verdadeiramente solidária com o gênero humano e com sua história",[2] não pode, de forma alguma, se furtar dessa responsabilidade comum. Iluminados pelo Evangelho, empenhados em um diálogo paciente e respeitoso com todos os homens de boa vontade, os cristãos participam na busca comum dos valores humanos a serem promovidos: "Finalmente, irmãos, ocupai-vos com tudo o que é verdadeiro, nobre, justo, puro, amável, honroso, vir-

---

[2] CONCÍLIO VATICANO II, Constituição pastoral *Gaudium et spes*, Proêmio, n. 1.

tuoso, ou que de qualquer modo mereça louvor" (Fl 4,8). Eles sabem que Jesus Cristo, "nossa paz" (Ef 2,14), que reconciliou todos os homens com Deus por meio de sua cruz, é o princípio de unidade mais profundo para o qual o gênero humano é chamado a convergir.

4. A busca de uma linguagem ética comum é inseparável de uma experiência de conversão, pela qual as pessoas e as comunidades se afastam das forças que procuram aprisionar o ser humano na indiferença ou impelem a levantar muros contra o outro ou contra o estrangeiro. O coração de pedra – frio, inerte e indiferente à sorte do próximo e da espécie humana – deve se transformar, sob a ação do Espírito, em um coração de carne,[3] sensível aos apelos da sabedoria, da compaixão, do desejo de paz e da esperança para todos. Essa conversão é a condição para um verdadeiro diálogo.

5. Não faltam tentativas contemporâneas para definir uma ética universal. Após o fim da segunda Guerra Mundial, a comunidade das nações, extraindo as consequências das estreitas cumplicidades que o totalitarismo havia estabelecido com o puro positivismo jurídico, definiu na *Declaração Universal dos Direitos Humanos* (1948) os direitos inalienáveis da pessoa humana, que transcendem as leis positivas dos Estados e lhe devem servir de referência e norma. Esses direitos não são simplesmente concedidos pelo legislador: são declarados, isto é, sua existência objetiva, anterior à decisão do legislador, torna-se manifesta. Eles derivam, com

---

[3] Cf. Ez 36,26.

efeito, do "reconhecimento da dignidade inerente a todos os membros da família humana" (Preâmbulo).

A *Declaração Universal dos Direitos Humanos* constitui um dos mais belos êxitos da história moderna. Ela "permanece uma das expressões mais altas da consciência humana de nosso tempo"[4] e oferece uma base sólida para a promoção de um mundo mais justo. Contudo, os resultados nem sempre corresponderam às expectativas das esperanças. Alguns países contestaram a universalidade desses direitos, considerados demasiadamente ocidentais, o que impele a buscar uma formulação mais compreensível. Por outro lado, certa propensão a multiplicar os direitos do homem mais em função dos desejos desordenados do indivíduo consumista ou de reivindicações setoriais do que das exigências objetivas do bem comum da humanidade, contribuiu não pouco para desvalorizá-los. Separada do sentido moral dos valores, que transcendem os interesses particulares, a multiplicação de procedimentos e de regulamentações jurídicas conduz a um impasse que, definitivamente, serve aos interesses dos mais poderosos. Sobretudo, manifesta-se uma tendência de reinterpretar os direitos do homem separados da dimensão ética e racional, que constitui seu fundamento e seu fim, em proveito de um puro legalismo utilitarista.[5]

---

[4] JOÃO PAULO II, Discurso de 5 de outubro de 1995 na Assembleia Geral das Nações Unidas para a celebração do cinquentenário de sua fundação (*Documentation catholique* 92 [1995], p. 918).

[5] Cf. BENTO XVI, Discurso de 18 de abril de 2008 na Assembleia Geral da ONU (*AAS* 100 [2008], p. 335): "O mérito da *Declaração Universal* consiste em ter permitido que diferentes culturas, expressões jurídicas e modelos institucionais convirjam em volta de um núcleo fundamental de valores, e,

6. Para explicitar o fundamento ético dos direitos do homem, alguns procuraram elaborar uma "ética mundial" no âmbito de um diálogo entre as culturas e as religiões. A "ética mundial" designa o conjunto de valores fundamentais obrigatórios, que formam, depois de séculos, o tesouro da experiência humana. Ela se encontra em todas as grandes tradições religiosas e filosóficas.[6] Esse projeto, digno de

---

portanto, de direitos. Contudo, hoje é necessário duplicar os esforços diante das pressões para reinterpretar os fundamentos da Declaração e de comprometer a sua unidade íntima, de modo a facilitar um afastamento da proteção da dignidade humana para satisfazer simples interesses, muitas vezes interesses particulares. [...] A experiência ensina-nos que, com frequência, a legalidade prevalece sobre a justiça quando a insistência sobre os direitos humanos os faz sobressair como o resultado exclusivo de resoluções legislativas ou de decisões normativas tomadas pelas várias agências dos que estão no poder. Quando são apresentadas simplesmente em termos de legalidade, os direitos correm o risco de se tornar débeis proposições separadas da dimensão ética e racional, que é o seu fundamento e finalidade. Ao contrário, a *Declaração Universal* fortaleceu a convicção de que o respeito dos direitos humanos está radicado principalmente na justiça que não muda, sobre a qual se baseia também a força vinculante das proclamações internacionais. Este aspecto muitas vezes é desatendido quando se procura privar os direitos de sua verdadeira função, em nome de uma mesquinha perspectiva utilitarista".

[6] Em 1993, os representantes do Parlamento das Religiões do mundo publicaram uma *Declaração para uma ética planetária*, que afirma que "existe já um consenso entre as religiões, capaz de originar uma ética planetária: um consenso mínimo sobre valores obrigatórios, normas irrevogáveis e de atitudes morais essenciais". Essa *Declaração* contém quatro princípios. *Primeiro*, "nenhuma nova ordem do mundo sem uma ética mundial". *Segundo*, "que toda pessoa humana seja tratada humanamente". Levar em consideração a dignidade humana é considerado um fim em si mesmo. Este princípio retoma a "regra de ouro" que se encontra em muitas tradições religiosas. *Terceiro*, a *Declaração* enuncia quatro diretivas morais irrevogáveis: não violência e respeito pela vida; solidariedade; tolerância e verdade; igualdade do homem e da mulher. *Quarto*, diante dos problemas da humanidade, é necessária uma mudança de mentalidade, a fim de que cada um tome consciência de sua responsabilidade imperiosa. É dever das religiões cultivar, aprofundar e transmitir às gerações futuras essa responsabilidade.

interesse, é expressão da necessidade atual de uma ética que tenha uma validade universal e global. Mas a pesquisa meramente indutiva, sob o modelo parlamentar, de um consenso mínimo já existente, seria capaz de satisfazer as exigências de fundamentar o direito de modo absoluto? Além disso, essa ética mínima não conduziria a relativizar as fortes exigências éticas de cada uma das religiões ou sabedorias particulares?

7. Há vários decênios, a questão dos fundamentos éticos do direito e da política foi como que deixada de lado por alguns setores da cultura contemporânea. Sob o pretexto de que toda pretensão a uma verdade objetiva e universal seria fonte de intolerância e de violência, e que só o relativismo poderia salvaguardar o pluralismo dos valores e da democracia, fez-se apologia do positivismo jurídico, que refuta se referir a um critério objetivo, ontológico, o que seria justo. Nessa perspectiva, o horizonte último do direito e da norma moral é a lei em vigor, considerada justa por definição, pois é a expressão da vontade do legislador. Mas isto é abrir a via da arbitrariedade do poder, da ditadura da maioria aritmética e da manipulação ideológica, em detrimento do bem comum. "Na ética e na filosofia atual do Direito, os postulados do positivismo jurídico estão largamente presentes. A consequência é que a legislação torna-se um compromisso entre interesses diversos; tenta-se transformar em direitos os interesses ou desejos privados que se oponham aos deveres derivantes da responsabilidade social."[7] Mas o positivismo

---

[7] BENTO XVI, Discurso de 12 de fevereiro de 2007 no Congresso Internacional sobre a Lei Moral Natural, organizado pela Pontifícia Universidade Lateranense (*AAS* 99 [2007], p. 244).

jurídico é notoriamente insuficiente, porque o legislador não pode agir legitimamente senão dentro de certos limites, que decorrem da dignidade da pessoa humana e do serviço ao desenvolvimento do que é autenticamente humano. Ora, o legislador não pode abandonar a determinação do que é humano a critérios extrínsecos e superficiais, como faria, por exemplo, se legitimasse por si tudo o que é realizável no âmbito das biotecnologias. Em suma, ele deve agir de forma eticamente responsável. A política não pode prescindir da ética nem das leis civis e a ordem jurídica, de uma lei moral superior.

8. Em tal contexto, em que a referência aos valores objetivos absolutos reconhecidos universalmente se torna problemática, alguns, desejosos de dar assim mesmo uma base racional às decisões éticas comuns, ensinam uma "ética da discussão" na linha de uma compreensão "dialógica" da moral. A ética da discussão consiste em utilizar, no decorrer de um debate ético, apenas as normas com as quais todos os participantes concordam, renunciando aos comportamentos "estratégicos" para impor seus próprios pontos de vista, e possam dar seu consentimento. Assim, pode-se determinar se uma regra de conduta e de ação ou um comportamento são morais, porque, deixando de lado os condicionamentos culturais e históricos, o princípio da discussão oferece uma garantia de universalidade e de racionalidade. A ética da discussão interessa, sobretudo, pelo método pelo qual, graças ao debate, os princípios e as normas éticas podem ser colocados à prova e tornarem-se obrigatórios para todos os participantes. Ela é, essencialmente, um procedimento para testar o valor das normas propostas, mas não pode produzir novos conteúdos substanciais. A ética da discussão é, portanto, uma ética puramente formal, que não concerne às orientações morais de fundo. Ela corre, assim, o risco de se limitar a uma busca de compromisso. Certamente, o diálogo e o debate são sempre necessários para obter um acordo realizável sobre a aplicação concreta das normas morais em uma dada situação, mas eles não podem marginalizar a consciência moral. Um verdadeiro debate não substitui as convicções morais pessoais, mas as supõe e as enriquece.

9. Conscientes dos contextos atuais da questão, nós queremos, neste documento, convidar a todos os que se perguntam sobre os fundamentos últimos da ética, assim como da ordem jurídica e política, a considerar os recursos que favoreçam uma apresentação renovada da doutrina da lei natural. Esta afirma, em substância, que as pessoas e as comunidades humanas são capazes, à luz da razão, de discernir as orientações fundamentais de um agir moral conforme a própria natureza do sujeito humano e de exprimi-las de modo normativo sob a forma de preceitos ou mandamentos. Esses preceitos fundamentais, objetivos e universais, têm a vocação de fundamentar e inspirar o conjunto de determinações morais, jurídicas e políticas que regulem a vida dos homens e das sociedades. Eles constituem uma instância crítica permanente e garantem a dignidade da pessoa humana diante das flutuações das ideologias. No curso da história, na elaboração de sua própria tradição ética, a comunidade cristã, guiada pelo Espírito de Jesus Cristo e em diálogo crítico com as tradições de sabedoria que tem encontrado, assume, purifica e desenvolve esse ensinamento sobre a lei natural como norma ética fundamental. Mas o Cristianismo não tem o monopólio da lei natural. Com efeito, fundada sobre a razão comum a todas as pessoas humanas, a lei natural é a base da colaboração entre todos os homens de boa vontade, sejam quais forem as suas convicções religiosas.

10. É verdade que a expressão "lei natural" é fonte de numerosos mal-entendidos no contexto atual. Por vezes, ela evoca simplesmente uma submissão resignada e totalmente passiva às leis físicas da natureza, quando o ser humano busca, com razão, dominar e orientar esses determinismos para o seu bem. Por vezes, apresentada como um dom objetivo que se impõe de fora da consciência pessoal, independentemente do trabalho da razão e da subjetividade, ela é suspeita de introduzir uma forma de heteronismo insuportável à dignidade da pessoa humana livre. Outras vezes também, no curso de sua história, a teologia cristã justificou, muito facilmente, com a lei natural, posições antropológicas que, em seguida, apareceram como condicionadas pelo contexto histórico e cultural. Mas uma compreensão mais profunda das relações entre o sujeito moral, a natureza e Deus, assim como uma melhor consideração da tarefa da historicidade, que afeta as aplicações concretas da lei natural, permitem dissipar esses mal-entendidos. Hoje, também é importante propor a doutrina tradicional da lei natural em termos que manifestem melhor a dimensão pessoal e existencial da vida moral. É necessário, também, insistir mais sobre o fato de que expressão das exigências da lei natural é inseparável do esforço de toda a comunidade humana para superar as tendências egoístas e facciosas e desenvolver uma abordagem global da "ecologia dos valores", sem a qual a vida humana corre o risco de perder sua integridade e seu sentido de responsabilidade pelo bem de todos.

11. A ideia da lei natural assume numerosos elementos comuns às grandes sabedorias religiosas e filosóficas da humanidade. Por isso, no capítulo primeiro, nosso documento começa por recordar essas "convergências". Sem pretender ser exaustivo, ele indica que essas grandes sabedorias religiosas e filosóficas testemunham a existência de um largo patrimônio moral comum, que forma a base de todo diálogo sobre as questões morais. Ainda mais, elas sugerem, de uma maneira ou de outra, que esse patrimônio explicita uma mensagem ética universal imanente à natureza das coisas e que os homens são capazes de decifrar. O documento recorda, em seguida, alguns pontos essenciais para o desenvolvimento histórico da ideia da lei natural e menciona algumas interpretações modernas que estão, parcialmente, na origem das dificuldades que nossos contemporâneos sentem diante dessa noção. No capítulo segundo ("A percepção dos valores morais comuns"), nosso documento descreve como, a partir dos dados mais simples da experiência moral, a pessoa humana colhe, de modo imediato, certos bens morais fundamentais e formula, por consequência, os preceitos da lei natural. Estes não constituem um código completo de prescrições intangíveis, mas um princípio permanente e normativo de inspiração a serviço da vida moral concreta da pessoa. O capítulo terceiro ("Os fundamentos teóricos da lei natural"), passando da experiência comum à teoria, aprofunda os fundamentos filosóficos, metafísicos e religiosos da lei natural. Para responder a algumas objeções contemporâneas, precisa o papel da natureza no agir pessoal e se interroga sobre a possibilidade de a natureza constituir uma norma moral. O capítulo quarto ("A lei natural e a sociedade") explicita o papel regulador dos preceitos da lei natural na vida política. A doutrina da lei natural já possui coerência e validade no plano filosófico da razão comum a todos os homens, mas o capítulo quinto ("Jesus Cristo, realização da lei natural") mostra que ela adquire todo seu sentido no interior da história da salvação: enviado pelo Pai, Jesus Cristo é, com efeito, pelo Espírito Santo, a plenitude de toda lei.

CAPÍTULO 1
CONVERGÊNCIAS

1.1. As sabedorias e as religiões do mundo

12. Nas diversas culturas, os homens progressivamente elaboraram e desenvolveram tradições de sabedoria, por meio das quais eles exprimem e transmitem sua visão de mundo, assim como sua percepção reflexa do lugar que ocupam na sociedade e no cosmo. Antes de toda teorização conceitual, essas sabedorias, que são, muitas vezes, de natureza religiosa, remetem uma experiência a qual identifica aquilo que favorece ou impede a plena manifestação da vida pessoal e do bom andamento da vida social. Elas constituem uma fonte de "capital cultural" disponível para a busca de uma sabedoria comum necessária para responder aos desafios éticos contemporâneos. Segundo a fé cristã, essas tradições de sabedoria, apesar de seus limites e, por vezes, até mesmo de seus erros, captam um reflexo da sabedoria divina que opera no coração dos homens. Elas requerem atenção e respeito, e podem ter valor de *praeparatio evangelica*.

A forma e o alcance dessas tradições podem variar consideravelmente. São testemunhos da existência de um patrimônio de valores morais comuns a todos os homens, seja qual for a maneira com que esses valores são justificados dentro de uma visão particular de mundo. Por exemplo, a "regra de ouro" ("Não faças a ninguém o que não queres que te façam" [Tb 4,15]) se encontra, de uma forma ou de outra, na maioria das tradições de sabedoria.[8] Além disso, geralmente estão de acordo em reconhecer que as grandes regras éticas não somente se impõem a um grupo humano determinado, mas valem universalmente para cada indivíduo e para todos os povos. Enfim, muitas tradições reconhecem que esses comportamentos morais universais são requeridos pela própria natureza do ser humano: exprimem a maneira pela qual o homem deve se inserir, de modo criativo e harmonioso, em uma ordem cósmica ou metafísica, que a supere e dê sentido a sua vida. De fato, essa ordem está impregnada por uma sabedoria imanente, portadora de uma mensagem moral que os homens são capazes de decifrar.

13. Nas tradições hinduístas, o mundo – o cosmo, como também as sociedades humanas – é regido por uma ordem ou uma lei fundamental (*dharma*), que é necessário respeitar sob pena de provocar graves desequilíbrios. O *dharma* define, então, as obrigações sociorreligiosas do homem. Em sua especificidade, o ensinamento moral do hinduísmo é compreendido à luz das doutrinas fundamentais dos *Upanishads*: a crença em um ciclo indefinido de trans-

---

[8] AGOSTINHO, *De doctrina christiana*, III, XIV, 22 (*Corpus christianorum*, series latina, 32, p. 91): "O preceito: 'O que não queres que te façam, não o faça ao outro' não pode, de nenhum modo, variar em função da diversidade de povos" ("Quod tibi fieri non vis, alii ne feceris", nullo modo posse ulla eorum gentili diversitate variari). Cf. PHILIPPIDIS, L. J. *Die "Goldene Regel" religionsgeschichtlich Untersucht*. Leipzig, 1929; DIHLE, A. *Die Goldene Regel. Eine Einführung in die Geschichte der antiken und frühchristlichen Vulgarethik*. Göttingen, 1962; WATTLES, J. *The Golden Rule*. New York/Oxford, 1996.

migrações (*samsāra*), com a ideia segundo a qual as ações boas ou más cometidas durante a vida presente (*karman*) influenciam as reencarnações sucessivas. Essas doutrinas têm importantes consequências sobre o comportamento em relação aos outros: elas implicam um alto grau de bondade e de tolerância, o sentido da ação desinteressada em benefício dos outros, assim como a prática da não violência (*ahimsā*). As principais correntes do hinduísmo distinguem dois corpos de textos: *śruti* ("aquilo que é entendido", isto é, a revelação) e *smrti* ("aquilo que se recorda", isto é, a tradição). As prescrições éticas se encontram, sobretudo, na *smrti*, mais particularmente nos *dharmaśāstra* (em que o mais importante são os *mānava dharmaśāstra* ou leis de Manu, de 200-100 a.C., aproximadamente). Além do princípio-base, segundo o qual "o costume imemorável é a lei transcendente aprovada pela Sagrada Escritura e pelos códigos dos legisladores divinos, como resultado, todo homem das três principais classes, que respeita o espírito supremo que está nele, deve sempre se conformar com diligência ao costume imemorável",[9] no qual se encontra uma prática equivalente à regra de ouro: "Eu te direi qual é a essência do maior bem do ser humano. O homem que pratica a religião (*dharma*) do não prejuízo (*ahimsā*) universal, adquire o maior Bem. Esse homem que domina as três paixões, a cobiça, a cólera e a avareza, renunciando-as para entrar em relação com os seres, adquire o sucesso. [...]

---

[9] *Mānava dharmaśāstra*, 1, 108 (HAUGHTON, G. C. *Mānava Dharma Śāstra or The Institutes of Manu*. Comprising the Indian System of Duties, Religious and Civil. New Delhi: ed. By P. Percival, 19824, p. 14).

Esse homem que considera todas as criaturas como seu 'a si mesmo' e os trata como seu próprio 'eu', depondo a vara punitiva e dominando completamente sua cólera, garantirá a obtenção da felicidade. [...] Não fará ao outro o que considera nocivo para si mesmo. Esta é, em síntese, a regra da virtude. [...] No fato de refutar e de dar, na abundância e na infelicidade, no agradável e no desagradável, se eximirá de todas as consequências, considerando seu próprio 'eu'".[10] Muitos preceitos da tradição hindu podem ser colocados em paralelo com as exigências do Decálogo.[11]

14. Geralmente, define-se o Budismo pelas quatro "verdades nobres", ensinadas por Buda após sua iluminação: 1) a realidade é sofrimento e insatisfação; 2) a origem do sofrimento é o desejo; 2) o fim do sofrimento é possível (com a extinção do desejo); 4) existe um caminho para a cessação do sofrimento. Esse caminho é o "nobre sentir óctuplo", que consiste na prática da disciplina, da concentração e da sabedoria. No plano ético, as ações favoráveis podem se resumir em cinco preceitos (*śīla, sīla*): 1) não prejudicar os seres vivos nem tirar a vida; 2) não tomar o que não é dado; 3) não ter uma conduta sexual incorreta; 4) não usar palavras falsas ou mentirosas; 5) não ingerir produtos intoxicantes,

---

[10] *Mahābhārata, Anusasana parva*, 113, pp. 3-9 (ed. Ishwar Chundra Sharma et O. N. Bimali; trad. M. N. Dutt, Parimal Publications, Delhi, vol. IX, p. 469).

[11] Por exemplo: "Que diga a verdade, que diga coisas que deem prazer, que não declare uma verdade desagradável e que não profira mentira piedosa: tal é a lei eterna" (*Mānava dharmaśāstra*, 4, 138, p. 101); "Que considere sempre a ação de ferir, a de injuriar e a de prejudicar o bem do próximo como as três coisas mais perniciosas na série de vícios produzidos pela cólera" (*Mānava dharmaśāstra*, 7, 51, p. 156).

que diminuam o domínio de si. O profundo altruísmo da tradição Budista, que se traduz em uma atitude deliberada de não violência, pela benevolência amigável e pela compaixão, chega, assim, à regra de ouro.

15. A civilização chinesa está profundamente marcada pelo taoísmo de Lǎozǐ ou Lao-Tseu (século VI a.C.). Segundo Lao-Tseu, o Caminho ou *Dào* é o princípio primordial, imanente a todo o universo. Este é um princípio inapreensível de mudança permanente sob a ação de dois polos contrários e complementares, o *yīn* e o *yáng*. Compete ao homem abraçar esse processo natural de transformação e se deixar levar pelo fluxo do tempo, graças à atitude de não agir (*wú-wéi*). A busca da harmonia com a natureza, indissociavelmente material e espiritual, está, portanto, no coração da ética taoísta. Quanto a Confúcio (551-479 a.C.), "Mestre Kong", ele tenta, por ocasião de um período de crise profunda, restaurar a ordem mediante o respeito aos ritos, fundado sobre a piedade filial que deve ser o coração de toda vida social. As relações sociais se modelam, com efeito, pelas relações familiares. A harmonia é obtida por uma ética da justa medida, na qual a relação ritualizada (o *lǐ*), que insere o ser humano na ordem natural, é a medida de todas as coisas. O ideal a ser buscado é o *ren*, virtude perfeita da humanidade, feita de domínio de si e de benevolência para com os outros. "'Mansidão (*shù*)', não é a palavra-chave? Aquilo que tu não queres que façam a ti, não o faça aos outros."[12] A prática dessa regra indica o caminho do céu (*Tiān Dào*).

16. Nas tradições africanas, a realidade fundamental é a própria vida. Ela é o bem mais precioso, e o ideal do homem consiste não somente em viver na busca de satisfazer suas necessidades básicas até a velhice, mas, sobretudo, em permanecer, mesmo após a morte, uma força vital continuamente reforçada e vivificada na e para a sua descendência. A vida é, com efeito, uma experiência dramática. Cada pessoa, microcosmo no seio do macrocosmo, vive intensamente o drama da tensão entre a vida e a morte. A missão que lhe compete, de assegurar a vitória da vida sobre a morte, orienta e determina seu agir ético. É, assim, que deve identificar, em um horizonte ético consequente, os aliados da vida, revertê-los em seu benefício e assegurar a própria sobrevivência, que é, ao mesmo tempo, a vitória da vida. Tal é o significado profundo das religiões tradicionais africanas. A ética africana se revela, portanto, como uma ética antropocêntrica e vital: os atos considerados capazes de favorecer o nascimento da vida, de conservá-la, de protegê-la, de desabrochá-la ou de aumentar o potencial vital da comunidade, são, de fato, considerados bons; todo ato considerado prejudicial à vida dos indivíduos ou à comunidade passa a ser mau. As religiões tradicionais africanas aparecem, dessa forma, como essencialmente antropocêntricas; mas uma observação atenta unida à reflexão mostra que nem o lugar reconhecido ao homem vivo nem o culto aos ancestrais

---

[12] CONFÚCIO, *Entretiens* 15, 23 (trad. A. Cheng, Paris, 1981, p. 125).

constituem algo fechado. As religiões tradicionais africanas atingem seu vértice somente em Deus, fonte da vida, criador de tudo o que existe.

17. O Islã se compreende como a restauração da religião natural original. Ele vê, em Maomé, o último profeta enviado por Deus para recolocar definitivamente os homens no caminho correto. Mas Maomé foi precedido por outros: "Não há uma comunidade onde não tenha passado um admoestador".[13] O Islã se atribui, portanto, uma vocação universal e se dirige a todos os homens, que são considerados "naturalmente" muçulmanos. A lei islâmica, indissociavelmente comunitária, moral e religiosa, é compreendida como uma lei dada diretamente por Deus. A ética muçulmana é, portanto, fundamentalmente uma moral da obediência. Fazer o bem é obedecer aos mandamentos; fazer o mal é desobedecê-los. A razão humana intervém para reconhecer o caráter revelado da lei e para extrair as implicações jurídicas concretas. Certamente, no século IX, a escola *mou'tacilita* proclamou a ideia segundo a qual "o bem e o mal estão nas coisas", isto é, que alguns comportamentos são bons ou maus em si mesmos, anteriormente à lei divina que os aprova ou os proíbe. Os *mou'tazilitas* pensam, pois, que o homem pode, por sua razão, conhecer o que é bom ou mau. Segundo eles, cada um sabe espontaneamente que a injustiça ou a mentira são más e que é obrigatório restituir um empréstimo, de se distanciar de um dano ou de se mostrar reconhecido para com seus benfeitores, dos quais o primeiro é Deus. Mas os

---

[13] *Alcorão*, Sourate 35, 24 (trad. D. Masson, Paris, 1967, p. 537); cf. Sourate 13, 7.

ach'aritas, que dominam na ortodoxia sunita, sustentam uma teoria contrária. Partidários de um ocasionalismo, que não reconhece nenhuma consistência na natureza, eles pensam que só a revelação positiva de Deus define o bem e o mal, o justo e o injusto. Entre as prescrições dessa lei divina positiva, muitos recuperam os grandes elementos do patrimônio moral da humanidade e podem ser colocados em relação com o Decálogo.[14]

---

[14] *Alcorão*, Sourate 17, 22-38 (pp. 343-345): "Teu Senhor decretou que adorarás somente a ele. Ele prescreveu a bondade para com o pai e a mãe. Se um deles ou os dois vivem a velhice junto de ti, não lhes dirás: Arre! Não os repila, mas lhes dirija palavras respeitosas. Inclina-te para eles, com bondade, com ternura e dirás: 'Meu Senhor! Sê misericordioso para com eles, como eles foram para comigo, quando eu era criança'. Teu Senhor conhece perfeitamente quem está em ti. Se és justo, perdoa aquele que retorna arrependido para ti. Dá a teus parentes próximos o que lhes é devido, assim como aos pobres e viandantes, mas não sejas pródigo. Os pródigos são irmãos dos demônios, e o demônio é muito ingrato para com seu Senhor. Se, enquanto buscas uma misericórdia de teu Senhor, que esperas, és obrigado a distanciar-se deles, volta para eles uma palavra benévola. Não tenhas a mão fechada em teu pescoço, e não a tenha muito estendida, senão te encontrarás desprezado e miserável. Sim, o teu Senhor dispensa largamente e na medida de seus dons a quem lhe pede. Ele está bem informado sobre seus servos e os vê perfeitamente. Não mates teus filhos por temor da pobreza. Nós proveremos a subsistência deles assim como a tua. Seu assassinato será um pecado enorme. Evita a fornicação: esta é uma abominação! Que caminho detestável! Não mates o homem que Deus proibiu de matar, senão por uma razão justa. [...] Não toques a fortuna do órfão, até que ele chegue a maioridade, a não ser para melhor uso. Mantem os teus compromissos, porque os homens serão interrogados sobre seus compromissos. Dá uma medida justa quando medires; pesa com uma balança exata. É um bem e o resultado é excelente. Não busques o que não tens algum conhecimento. Seguramente deverás dar conta de tudo: do ouvido, da vista e do coração. Não percorras a terra com insolência. Tu não podes dilacerar a terra, nem chegar à altura das montanhas. Tudo o que é mau é em tudo detestável diante de Deus".

1.2. As origens greco-romanas da lei natural

18. A ideia de que existe um direito natural anterior às determinações jurídicas positivas já se encontra na cultura grega clássica, com a figura exemplar de Antígona, a filha de Édipo. Seus dois irmãos, Etéocles e Polinice, se confrontam por causa do poder e matam um ao outro. Polinice, o rebelde, foi condenado a ficar sem sepultura e ser queimado na fogueira. Mas Antígona, para satisfazer os deveres da piedade para com seu irmão morto, apela da proibição de sepultura feita pelo rei Creonte, recorrendo "às leis não escritas e imutáveis".

"*Creonte:* E, assim, como tu ousas violar as minhas leis?

Antígona: Sim, porque não foi Zeus que as proclamou

Nem a Justiça que habita com os deuses de baixo;

Nem um nem a outra as estabeleceram entre os homens.

Eu não penso que os teus decretos sejam tão fortes

Para que, tu, mortal, possas ir além

Das leis não escritas e imutáveis dos deuses.

Eles não existem desde hoje, nem desde ontem, mas sempre;

Pessoa alguma sabe quando eles apareceram.

Eu não devia, por temer as vontades de um homem,

Arriscar que os deuses me punissem."[15]

---

[15] SÓFOCLES, *Antigone*, v. 449-460 (ed. Pléiade, p. 584).

19. Platão e Aristóteles representam a distinção feita pelos sofistas entre as leis que têm origem na convenção, isto é, uma pura decisão positiva (*thesis*), e as que são válidas "por natureza". As primeiras não são nem eternas nem válidas de uma maneira geral, e tampouco obrigam a todos. As segundas obrigam a todos, sempre e em toda parte.[16] Alguns sofistas, como o Cálicles de *Górgias* de Platão, recorriam a essa distinção para contestar a legitimidade das leis instituídas pelas cidades humanas. A essas leis, eles opõem sua ideia, estreita e errônea, da natureza, reduzida à só componente psíquica. Assim, contra a igualdade política e jurídica dos cidadãos na sociedade, eles sustentavam o que lhes parecia como a mais evidente das "leis naturais": o mais forte deve prevalecer sobre o mais fraco.[17]

---

[16] Cf. ARISTÓTELES, *Rhétorique*, I, XIII, 2 (1373 b – 4-11): "A lei particular (*nomos idios*) é aquela que cada grupo de homens determina em relação aos seus membros, e este tipo de lei se divide em: lei não escrita e lei escrita. A lei comum (*nomos koinos*) é a que existe conforme a natureza (*kata physin*). De fato, há uma justa e uma injusta, comuns por natureza, que todos reconhecem por uma espécie de divinização, mesmo que não haja nenhuma comunicação, nem convenção mútua. É assim que se vê Antígonas de Sófocles declarar que é justo sepultar Polinice, cuja sepultura é proibida, alegando que essa sepultura é justa, porque está conforme a natureza"; cf. também *Ética a Nicomaco*, V, 10.

[17] Cf. PLATÃO, *Gorgias* (483 c – 484 b) (Discurso de Cálicles): "A própria natureza demonstra que é justo que o melhor tenha mais que o mais fraco e o mais poderoso, mais do que o mais impotente. Ela manifesta em diversas circunstâncias que é bem assim, tanto em outros seres vivos quanto em todas as sociedades e raças humanas, e que o justo está assim determinado, pelo fato que o mais poderoso manda no mais fraco e em uma maior parte. Por que em qual ideia de justo se baseava Xerxes para fazer guerra contra a Grécia, ou seu pai contra os citas? E poder-se-iam citar inúmeros exemplos similares. Mas, me parece, eles agiram assim segundo a natureza do justo e, por Zeus, segundo a lei da natureza, e, portanto, provavelmente, não aquela instituída por nós;

20. Nada disso se encontra entre Platão e Aristóteles. Eles não opunham direito natural e leis positivas da sociedade. Estavam convictos de que as leis da sociedade são geralmente boas e constituem a prática, mais ou menos bem-sucedida, de um direito natural conforme a natureza das coisas. Para Platão, o direito natural é um direito ideal, uma norma para os legisladores e cidadãos, uma regra que permite basear e avaliar as leis positivas.[18] Para Aristóteles, essa norma suprema da moralidade corresponde à realização da forma essencial da natureza. É moral o que é natural. O direito natural é imutável; o direito positivo muda conforme os povos e as diferentes épocas. Mas o direito natural não se coloca além do direito positivo. Ele se encarna no direito positivo, que é a aplicação da ideia geral da justiça à vida social na sua variedade.

---

plasmando os melhores e os mais fortes dentre nós, prendendo-os desde a mais tenra idade, como se faria com os leões, seduzindo-os com nossos sortilégios e enfeitiçando-os com nossos encantos, os submeteríamos a nós repetindo que é necessário que cada um seja igual aos outros, e que isto é belo e justo. Mas, se nasce um homem dotado de uma natureza suficientemente poderosa, então, livrando-se de todos esses entraves com uma sacudidela, fazendo-os em pedaços e fugindo, pisoteando nossos escritos, os nossos sortilégios, nossos encantamentos e todas as nossas leis, todas sem exceção contra a natureza, e colocando-as acima de nós, eis que o escravo se revela nosso amo, e, então, aparece em plena luz o justo segundo a natureza!".

[18] Em o *Théétète* (172 a-b), o Sócrates de Platão deplora as nefastas consequências políticas da tese relativista atribuída a Protágoras, segundo o qual cada homem é a medida de sua verdade: "Portanto, também na política, bonito e feio, justo e injusto, pio e ímpio, tudo o que cada sociedade entende tal e legalmente decreta tal qual para si, tudo isso se torna verdade para cada um [...]. Nas questões de justo e injusto, de pio e ímpio, consente-se em sustentar com todo rigor que nada daquilo é natural e não possui essência própria; mas, simplesmente, o que parece ao grupo torna-se verdade no momento em que parece e até quando parecer".

21. No estoicismo, a lei natural torna-se o conceito-chave de uma ética universalista. É bom e deve ser realizado o que corresponde à natureza, compreendida em um sentido ao mesmo tempo psíquico-biológico e racional. Todo homem, qualquer que seja a nação à qual pertença, deve se integrar como uma parte no todo do universo. Ele deve viver segundo a natureza.[19] Esse imperativo pressupõe que exista uma lei eterna, um *Lógos* divino, que está presente tanto no cosmo, que ela impregna de racionalidade, quanto na razão humana. Assim, para Cícero, a lei é "a razão suprema inserida na natureza, que nos manda fazer o que é necessário e nos proíbe o contrário".[20] Natureza e razão constituem as duas raízes do nosso conhecimento da lei ética fundamental, que é de origem divina.

1.3. O ensinamento da Sagrada Escritura

22. O dom da Lei no Sinai, da qual as "dez palavras" constituem o centro, é um elemento essencial da experiência religiosa de Israel. Essa Lei da aliança comporta preceitos éticos fundamentais. Eles definem o modo como o povo eleito deve responder à escolha de Deus por meio de uma vida santa: "Fala a toda a comunidade dos filhos de Israel. Tu lhes dirás: Sede santos, porque eu, Iahweh vosso Deus,

---

[19] Cf., por exemplo, SÊNECA, *De vita beata*, VIII, 1: "É a natureza que se deve ter por guia; é ela que a razão observa e consulta. Portanto, é a mesma coisa viver feliz ou segundo a natureza" (*Natura enim duce utendum est: hanc ratio observat, hanc consulit. Idem est ergo beate vivere et secundum naturam*).

[20] CÍCERO, *De legibus*, I, vi, 18: "Lex est ratio summa insita in natura quae iubet ea quae facienda sunt prohibetque contraria".

sou santo" (Lv 19,2). Mas esses comportamentos éticos também são válidos para os outros povos, de modo que Deus pede contas às nações estrangeiras que violam a justiça e o direito.[21] De fato, Deus já havia concluído uma aliança com a totalidade do gênero humano na pessoa de Noé, que implicava, em particular, o respeito à vida (cf. Gn 9).[22] Fundamentalmente, a própria criação aparece como o ato pelo qual Deus estrutura o conjunto do universo, dando-lhe uma lei. "Louvem o nome de Iahweh, pois ele mandou e foram criados; fixou-os eternamente, para sempre, deu-lhes uma lei que jamais passará" (Sl 148,5-6). Essa obediência das criaturas à lei de Deus é um modelo para os homens.

23. Juntamente com os textos que se referem à história da salvação, com os grandes temas teológicos da eleição, da promessa, da Lei e da aliança, a Bíblia contém, também, uma literatura de sabedoria, que não trata diretamente da história nacional de Israel, mas que se interessa pelo lugar do homem no mundo. Ela desenvolve a convicção de que há uma maneira correta, "sábia", de fazer as coisas e de

---

[21] Cf. Am 1–2.

[22] O judaísmo rabínico se refere a sete imperativos morais, que Deus deu a Noé para todos os homens. Eles são enumerados no Talmude (*Sanhedrin* 56): 1) Tu não farás ídolos; 2) Tu não matarás; 3) Tu não roubarás; 4) Tu não cometerás adultério; 5) Tu não blasfemarás; 6) Tu não comerás carne de um animal vivo; 7) Tu estabelecerás tribunais de justiça para fazer respeitar os seis mandamentos precedentes. Se os 613 *mitzot* escritos da Torá, e a interpretação da Torá oral, dizem respeito apenas aos juízes, as leis de Noé se destinam a todos os homens.

conduzir a vida. Todos devem se aplicar em buscá-la e, em seguida, se esforçar por colocá-la em prática. Essa sabedoria não se encontra nem na história nem na natureza, e tampouco na vida de todos os dias.[23] Nessa literatura, a sabedoria é, muitas vezes, apresentada com uma perfeição divina, às vezes "hipostatizada". Ela se manifesta de maneira surpreendente na criação, onde ela é "o artífice" (cf. Sb 7,21). A harmonia que reina entre as criaturas dá testemunho dela. Dessa sabedoria que vem de Deus, o homem torna-se participante de múltiplas formas. Tal participação é um dom de Deus, que é necessário pedir na oração: "Por isso, supliquei, e inteligência me foi dada; invoquei, e o espírito de Sabedoria veio a mim" (Sb 7,7). É, ainda, o fruto da obediência à Lei revelada. Com efeito, a Torá é como a encarnação da sabedoria. "Desejas a sabedoria? Guarda os mandamentos e o Senhor dar-ta-á em profusão; porque o temor do Senhor

---

[23] A literatura de sabedoria se interessa pela história, sobretudo, quando ela faz aparecer certas constantes relativas ao caminho que conduz para Deus. Os sábios não subestimam as lições da história e seu valor de revelação divina (cf. Eclo 44–51), mas eles são uma consciência viva de que o elo entre os acontecimentos dependem de uma coerência que não é próprio de um acontecimento histórico. Para compreender essa identidade no coração da mutabilidade e agir de modo responsável em função dela, a sabedoria busca os princípios e as leis estruturais antes do que as perspectivas históricas precisas. Assim fazendo, a literatura de sabedoria se concentra sobre a protologia, isto é, sobre a criação inicial com aquilo que ela implica. Com efeito, a protologia tenta descrever a coerência que se encontra por detrás dos acontecimentos históricos. Esta é uma condição *a priori*, que permite colocar em ordem todos os acontecimentos históricos possíveis. A literatura de sabedoria tenta, portanto, valorizar as condições que tornam possível a vida de todos os dias. A história descreve esses elementos de forma sucessiva; a sabedoria ultrapassa a história por meio de uma descrição atemporal do que constitui a realidade no tempo da criação, "no início", quando os seres humanos foram criados como imagem de Deus.

é sabedoria e instrução, e seu agrado é fé e mansidão" (Eclo 1,33-35). Mas a sabedoria é, também, o resultado de uma observação sagaz da natureza e dos costumes humanos com o objetivo de descobrir sua inteligibilidade imanente e seu valor exemplar.[24]

24. Na plenitude dos tempos, Jesus Cristo anunciou a chegada do Reino de Deus como manifestação do amor misericordioso do Pai, que se torna presente entre os seres humanos através de sua própria pessoa, e apela para que busquem a conversão e deem uma resposta livre de amor. Essa pregação não é sem consequência para a ética, para a maneira de construir o mundo e as relações humanas. Em seu ensinamento moral, do qual o sermão da montanha é uma síntese admirável, Jesus retoma, por sua conta, a regra de ouro: "Tudo aquilo, portanto, que quereis que os homens vos façam, fazei-o vós a eles, pois esta é a Lei e os Profetas" (Mt 7,12).[25] Este preceito positivo completa a formulação negativa da mesma regra do Antigo Testamento: "Não faças a ninguém o que não queres que te façam" (Tb 4,15).[26]

---

[24] Cf. Pr 6,6-9: "Anda, preguiçoso, olha a formiga, observa o seu proceder, e torna-te sábio; sem ter um chefe, nem um guia, nem um dirigente, no verão, acumula o grão e reúne provisões durante a colheita. Até quando dormirás, ó preguiçoso? Quando irás te levantar do sono?".

[25] Cf. também Lc 6,31: "Como quereis que os outros vos façam, fazei também a eles".

[26] Cf. BOAVENTURA, *Commentarius in Evangelium Lucae*, c. 6, n. 76 (Opera omnia, VII, ed. Quaracchi, p. 156): "In hoc mandato (Lc 6,31) est consummatio legis naturalis, cuius una pars negativa ponitur Tobiae quarto et implicatur hic: 'Quod ab alio oderis tibi fieri, vide ne tu aliquando alteri facias'"; (Pseudo-) BOAVENTURA, *Expositio in Psalterium*, Ps 57, 2 (Opera omnia, IX, ed. Vivès, p. 227): "Duo sunt mandata naturalia: unum prohibitivum, unde hoc 'Quod tibi non vis fieri, alteri ne feceris'; aliud affirmativum, unde in Evan-

25. No início da carta aos Romanos, o apóstolo Paulo, com o intuito de manifestar a necessidade universal de salvação trazida por Cristo, descreve a situação religiosa e moral comum a todos os homens. Ele afirma a possibilidade de um conhecimento natural de Deus: "Porque o que se pode conhecer de Deus é manifesto entre eles, pois Deus lho revelou. Sua realidade invisível – seu eterno poder e sua divindade – tornou-se inteligível, desde a criação do mundo, através das criaturas, de sorte que não têm desculpa" (Rm 1,19-20).[27] Mas esse conhecimento se perverteu em idolatria. Colocando judeus e pagãos sob o mesmo plano, são Paulo afirma a existência de uma lei moral não escrita, mas que está inscrita nos corações.[28] Ela permite discernir o bem e o mal por si mesma. "Quando então os gentios, não tendo Lei, fazem naturalmente o que é prescrito pela Lei, eles, não tendo Lei, para si mesmos são Lei; eles mostram a obra da lei gravada em seus corações, dando disso testemunho sua consciência e seus pensamentos que alternadamente se

---

gelio 'Omnia quaecumque vultis ut faciant vobis homines, eadem facite illis'. Primum de malis removendis, secundum de bonis adipiscendis".

[27] Cf. CONCÍLIO VATICANO I, Constituição dogmática *Dei Filius*, cap. 2. Cf. também At 14,16-17: "Ele permitiu, nas gerações passadas, que todas as nações seguissem os próprios caminhos. No entanto, não deixou de dar testemunho de si mesmo fazendo o bem, do céu enviando-vos chuvas e estações frutíferas, saciando de alimento e alegria os vossos corações".

[28] Em Filon de Alexandria se encontra a ideia segundo a qual Abraão, sem a lei escrita, conduzia já "por natureza" uma vida conforme a Lei. Cf. PHILON D'ALEXANDRIE, *De Abrahamo*, § 275-276 (Introduction, traduction et notes par J. Gorez, Les œuvres de Philon d'Alexandrie, 20, Paris, 1966, pp. 132-135): "Moisés diz: 'Este homem (Abraão) cumpre as leis divinas e todas as ordens divinas' (Gn 26,5). E ele não havia recebido um ensinamento por meio de textos escritos. Mas, impelido pela natureza – não escrita –, põe seu zelo em seguir de perto os impulsos sãos e sem defeitos".

acusam ou defendem" (Rm 2,14-15). No entanto, o conhecimento da lei não é suficiente por si só para conduzir uma vida justa.[29] Estes textos de são Paulo tiveram uma influência determinante na reflexão cristã relativa à lei natural.

1.4. Os desenvolvimentos da tradição cristã

26. Para os Padres da Igreja, o *sequi naturam* e a *sequela Christi* não se opõem. Ao contrário, geralmente eles adotam a ideia estoica segundo a qual a natureza e a razão nos indicam quais são os nossos deveres morais. Segui-los é seguir o *Lógos* pessoal, o Verbo de Deus. A doutrina da lei natural fornece, com efeito, uma base para completar a moral bíblica. Ela permite, além disso, explicar por que os pagãos, independentemente da revelação bíblica, possuem uma concepção moral positiva. Ela lhes é indicada pela natureza e corresponde ao ensinamento da Revelação: "De Deus são a lei da natureza e a lei da revelação, que formam um todo".[30] Todavia, os Padres da Igreja não adotam pura e simplesmente a doutrina estoica. Eles a modificam e a desenvolvem. De uma parte, a antropologia de inspiração bíblica, que vê o homem como a *imago Dei*, cuja plena verdade é manifestada em Cristo, proíbe de reduzir a pessoa humana a um simples elemento do cosmo: chamada à comunhão

---

[29] Cf. Rm 7,22-23: "Comprazo-me na lei de Deus segundo o homem interior; mas percebo outra lei em meus membros, que peleja contra a lei da minha razão (*tô nomô tou noos mou*) e que me acorrenta à lei do pecado que existe em meus membros".

[30] CLEMENTE DE ALEXANDRIA, *Stromates*, I, c. 29, 182, 1 (Sources chrétiennes, 30, p. 176).

com o Deus vivo, ela transcende o cosmo, mesmo que esteja integrado nele. De outra parte, a harmonia da natureza e da razão não repousa mais sobre a visão imanentista de um cosmo panteísta, mas sobre a comum referência a uma sabedoria transcendente do Criador. Comportar-se de acordo com a razão significa seguir as orientações que o Cristo, como *Logos* divino, colocou, graças aos *logoi spermatikoi*, na razão humana. Agir contra a razão é uma falta contra essas orientações. Muito significativa é a definição de santo Agostinho: "A lei eterna é a razão humana ou a vontade de Deus, ordenando conservar a ordem natural e proibindo de turvá-la".[31] Mais precisamente, para santo Agostinho, as normas de uma vida reta e justa estão expressas no Verbo de Deus, que as imprime depois no coração do homem "à maneira de um timbre, que do anel passa à cera, mas sem deixar de ser anel".[32] Além disso, para os Padres, a lei

---

[31] AGOSTINHO, *Contra Faustum*, XXII, c. 27 (*PL* 42, col. 418): "Lex vero aeterna est, ratio divina vel voluntas Dei, ordinem naturalem conservari iubens, perturbari vetans". Por exemplo, santo Agostinho condena a mentira, porque vai diretamente contra a natureza da linguagem e sua vocação de ser sinal do pensamento; cf. *Enchiridion*, VII, 22 (*Corpus christianorum*, series latina, 46, p. 62): "A palavra não é dada aos homens para se enganarem reciprocamente, mas para bem levar seus pensamentos ao conhecimento dos outros. Servir-se da palavra para enganar e não para seu fim normal é, portanto, um pecado" (Et utique verba propterea sunt instituta non per quae invicem se homines fallant sed per quae in alterius quisque notitiam cogitationes suas perferat. Verbis ergo uti ad fallaciam, non ad quod instituta sunt, peccatum est).

[32] AGOSTINHO, *De Trinitate*, XIV, XV, 21 (*Corpus christianorum*, series latina, 50A, p. 451): "Onde estas regras estão escritas, onde o homem, mesmo injusto, reconhece o que é justo, onde vê que necessita ter aquilo que ele não tem? Onde estão inscritas, senão no livro daquela luz que se chama a Verdade? Lá está escrita toda lei justa, e dali ela passa ao coração do homem que pratica a justiça, não que ela emigra nele, mas ela aí põe a sua marca, à maneira de

natural está, daqui em diante, compreendida no quadro de uma história de salvação que conduz a distinguir diferentes estados da natureza (natureza original, natureza decaída, natureza restaurada), nos quais a natureza se realiza de modos diversos. Essa doutrina patrística da lei natural foi transmitida à Idade Média, assim como a concepção, muito próxima, de "direito das gentes (*ius gentium*)", segundo a qual existem, fora do direito romano (*ius civile*), princípios universais de direto, que regulam as relações entre os povos e são obrigatórios para todos.[33]

27. Na Idade Média, a doutrina da lei natural chega a certa maturidade e assume uma forma "clássica", que constitui o substrato de todas as discussões ulteriores. Ela se caracteriza por quatro traços. Em primeiro lugar, de acordo com o pensamento escolástico, que busca recolher a verdade onde quer que se encontre, assume as reflexões anteriores sobre a lei natural, pagãs ou cristãs, e tenta propor uma síntese. Em segundo lugar, de acordo com a natureza sistemática do pensamento escolástico, ela situa a lei natural em um quadro metafísico e teológico geral, compreendendo-a como uma

---

um timbre, que do anel passa à cera, mas sem deixar de ser anel" (Ubinam sunt istae regulae scriptae, ubi quid sit iustum et iniustus agnoscit, ubi cernit habendum esse quod ipse non habet? Ubi ergo scriptae sunt, nisi in libro lucis illius quae veritas dicitur unde omnis lex iusta describitur et in cor hominis qui operatur iustitiam non migrando sed tamquam imprimendo transfertur, sicut imago ex anulo et in ceram transit et anulum non relinquit?)

[33] Cf. GAIO, *Institutes*, 1.1 (IIe siècle après J. C.) (éd. J. Reinach, Collection des universités de France, Paris, 1950, p. 1): "Quod vero naturalis ratio inter omnes homines constituit, id apud omnes populos peraeque custoditur vocaturque ius gentium, quasi quo iure omnes gentes utuntur. Populus itaque romanus partim suo proprio, partim communi omnium hominum iure utitur".

participação da criatura racional na lei divina eterna, graças a qual ela entra de modo consciente e livre nos desígnios da Providência. Ela não é um conjunto fechado e completo de normas morais, mas uma fonte de inspiração constante, presente e atuante nas diferentes etapas da economia da salvação. Em terceiro lugar, com a tomada de consciência da densidade própria da natureza, que em parte está ligada à redescoberta do pensamento de Aristóteles, a doutrina escolástica da lei natural considera a ordem ética e política como uma ordem racional, obra da inteligência humana. Ele a define como um espaço de autonomia, uma distinção sem separação, em relação à ordem da revelação religiosa.[34] Enfim, aos olhos dos teólogos e dos juristas escolásticos, a lei natural constitui um ponto de referência e um critério à luz do qual eles avaliam a legitimidade das leis positivas e dos costumes particulares.

---

[34] Santo Agostinho distingue claramente a ordem política natural fundada sobre a razão e a ordem religiosa sobrenatural fundada sobre a graça da revelação. Ele se opõe aos filósofos muçulmanos e judeus medievais, que atribuíam à revelação religiosa um papel essencialmente político. Cf. *Quaestiones disputatae de veritate*, q. 12, a. 3, ad 11: "A sociedade dos homens, enquanto está ordenada ao fim, que é a vida eterna, não pode se conservar a não ser pela justiça da fé, cujo princípio é a profecia. [...] Ao contrário, a justiça pela qual a sociedade humana é governada em ordem ao bem civil, pode-se obter suficientemente pelos princípios do direito natural postos no homem" (Societas hominum secundum quod ordinatur ad finem vitae aeternae, non potest conservari nisi per iustitiam fidei, cuius principium est prophetia. [...] Sed cum hic finis sit supernaturalis, et iustitia ad hunc finem ordinata, et prophetia, quae est eius principium, erit supernaturalis. Iustitia vero per quam gubernatur societas humana in ordine ad bonum civile, sufficienter potest haberi per principia iuris naturalis homini indita).

1.5. Evoluções ulteriores

28. A história moderna da lei natural se apresenta, por certos aspectos, como um desenvolvimento legítimo do ensinamento da escolástica medieval em um contexto cultural mais complexo, marcado, de forma particular, por um sentido mais vivo da subjetividade moral. Entre esses desenvolvimentos, assinalamos a obra dos teólogos espanhóis do século XVI, que, à semelhança do dominicano Francisco de Vitoria, recorreram à lei natural para contestar a ideologia imperialista de alguns Estados cristãos da Europa e defender os direitos dos povos não cristãos da América. Com efeito, esses direitos são inerentes à natureza humana e não dependem da situação concreta em face da fé cristã. A ideia da lei natural permitiu, também, aos teólogos espanhóis colocar as bases de um direito internacional, isto é, de uma norma universal capaz de reger as relações de povos e dos Estados entre si.

29. Mas, por outros aspectos, a ideia da lei natural tomou, na época moderna, orientações e formas que contribuem para torná-la dificilmente aceitável hoje. Durante os últimos séculos da Idade Média, desenvolveu-se uma corrente voluntarista na escolástica, cuja hegemonia cultural modificou profundamente a noção da lei natural. O voluntarismo se propõe a valorizar a transcendência do sujeito livre em relação a todos os condicionamentos. Contra o naturalismo, que tendia a sujeitar Deus às leis da natureza, ele sublinha, de modo unilateral, a absoluta liberdade de Deus, com o risco de comprometer a sua sabedoria e de tornar arbitrárias as suas decisões. Da mesma maneira, contra o intelectualismo, suspeito de sujeitar a pessoa humana à ordem do mundo, ele exalta uma liberdade de indiferença, entendida como puro poder de escolher os contrários, com o risco de separar a pessoa de suas inclinações naturais e do bem objetivo.[35]

30. As consequências do voluntarismo na doutrina da lei natural são numerosas. Antes de tudo, mesmo que para Tomás de Aquino a lei fosse entendida como obra da razão e expressão de uma sabedoria, o voluntarismo leva a ligar a lei só à própria vontade, e a uma vontade separada de sua ordenação intrínseca ao bem. A partir daí, toda a força da lei reside somente na vontade do legislador. A lei é, assim, espoliada de sua inteligibilidade intrínseca. Nessas condições, a moral se reduz à obediência aos mandamentos, que manifestam a vontade do legislador. Thomas Hobbes chega a declarar: "É a autoridade e não a verdade que faz a

---

[35] Cf. BENTO XVI, Discurso de 12 de setembro de 2006, em Redensburg, por ocasião do encontro com os representantes do mundo das ciências (*AAS* 98 [2006], p. 733): "Por honestidade, temos de referir aqui que, na teologia da baixa Idade Média, se desenvolveram tendências que rompem a síntese entre o espírito grego e o espírito cristão. Em contraste com o chamado intelectualismo agostiniano e tomista, Duns Escoto deu início a uma orientação voluntarista que, no termo de sucessivos desenvolvimentos, levou à afirmação segundo a qual, de Deus, só conheceremos a *voluntas ordinata*. Para além desta, existiria a liberdade de Deus, em virtude da qual Ele teria podido criar e fazer inclusivamente o contrário de tudo o que efetivamente realizou. Vemos esboçarem-se aqui posições próximas [...] que poderiam levar à imagem de um Deus arbitrário, que não está dependente sequer da verdade e do bem. A transcendência e a diversidade de Deus aparecem tão exageradamente acentuadas, que inclusive a nossa razão e o nosso sentido da verdade e do bem deixam de ser um verdadeiro espelho de Deus, cujas possibilidades abismais permaneceriam, para nós, eternamente inatingíveis e ocultas por detrás das suas decisões efetivas".

lei" (*auctoritas, non veritas, facit legem*).³⁶ O homem moderno, apaixonado pela autonomia, não poderia deixar de se insurgir contra tal visão da lei. Depois, sob o pretexto de preservar a absoluta soberania de Deus sobre a natureza, o voluntarismo a priva de toda inteligibilidade interna. A tese da *potentia Dei absoluta*, segundo a qual Deus poderia agir independentemente de sua sabedoria e de sua bondade, relativiza todas as estruturas inteligíveis existentes e fragiliza o conhecimento natural que o homem pode ter. A natureza cessa de ser um critério para conhecer a sábia vontade de Deus: o homem só pode receber esse conhecimento pela revelação.

31. Além disso, vários fatores conduziram a noção de lei natural à secularização. Entre eles, pode-se mencionar o divórcio crescente entre a fé e a razão, que caracteriza o final da Idade Média, ou, ainda, alguns aspectos da Reforma;³⁷

---

³⁶ HOBBES, Thomas. *Léviathan*, Deuxième partie, cap. 26: "Em uma cidade constituída, a interpretação das leis da natureza não depende dos doutores, dos escritores que trataram da filosofia moral, mas da autoridade civil. Com efeito, as doutrinas podem ser verdadeiras, mas é a autoridade, não a verdade, que faz a lei".

³⁷ A posição dos Reformadores perante a lei natural não é monolítica. Mais que Martinho Lutero, João Calvino, fundamentando-se em são Paulo, reconhece a existência da lei natural como norma ética, mesmo se ela é radicalmente incapaz de justificar o homem. "É uma coisa vulgar que o homem esteja suficientemente instruído na reta lei de viver bem por esta lei natural, da qual fala o Apóstolo [...]. O fim da lei natural é tornar o homem inescusável; por isso, podemos defini-la propriamente assim: ela é um sentimento da consciência, pelo qual ela discerne suficientemente entre o bem e o mal, para tirar do homem o pretexto da ignorância, enquanto ele é censurado pelo seu próprio testemunho" (*L'Institution chrétienne*, livre II, cap. 2, 22). Durante os três séculos que seguiram à Reforma, a lei natural serviu de fundamento para a jurisprudência entre os protestantes. Somente com a secularização da lei natural

mas, sobretudo, a vontade de superar os violentos conflitos religiosos que ensanguentaram a Europa no alvorecer dos tempos modernos. Acrescente-se o desejo de fundar a unidade política das comunidades humanas, colocando em parênteses a confissão religiosa. Daí em diante, a doutrina da lei natural prescinde de toda revelação religiosa particular e, portanto, de toda teologia confessional. Ela pretende assentar-se unicamente sobre as luzes da razão comum a todos os homens e se apresenta como a norma última no campo secular.

32. Além disso, o racionalismo moderno afirma a existência de uma ordem absoluta e normativa das essências inteligíveis acessível à razão e relativiza a referência a Deus como fundamento último da lei natural. A ordem necessária, eterna e imutável das essências deve ser certamente atualizada pelo Criador, mas, crê-se, já possui em si mesma sua coerência e sua racionalidade. A referência a Deus deve, portanto, ser opcional. A lei natural impor-se-ia a todos "mesmo se Deus não existisse" (*etsi Deus non daretur*).[38]

33. O modelo racionalista moderno de lei natural se caracteriza: 1) pela crença essencialista em uma natureza humana imutável e a-histórica, da qual a razão pode perfeitamente colher a definição e as propriedades essenciais; 2)

---

foi que a teologia protestante, no século XIX, tomou distância. É somente a partir dessa época que se manifesta a oposição entre as opiniões católicas e protestantes sobre a questão da lei natural. Mas, na época contemporânea, a ética protestante parece manifestar um novo interesse por essa noção.

[38] A expressão tem sua origem em GROTIUS, Hugo. *De jure belli et pacis*, Prolegomena: "Haec quidem quae iam diximus locum aliquem haberent, etsi daremus, quod sine summo scelere dari nequit, non esse Deum".

por abstrair-se da situação concreta das pessoas humanas na história da salvação, marcada pelo pecado e pela graça, cuja influência sobre o conhecimento e sobre a prática da lei natural é, portanto, decisiva; 3) pela ideia de que é possível à razão deduzir *a priori* os preceitos da lei natural a partir da definição de essência de ser humano; 4) pela extensão máxima dada aos preceitos assim deduzidos, de sorte que a lei natural apareça como um código de leis já prontas, que regula a quase totalidade dos comportamentos. Essa tendência a estender o campo das determinações da lei natural foi a origem de uma grave crise, quando, em particular com o progresso das ciências humanas, o pensamento ocidental tomou maior consciência da historicidade das instituições humanas e da relatividade cultural de numerosos comportamentos, que se justificavam, às vezes, apelando à evidência da lei natural. Esse deslocamento entre uma teoria abstrata maximalista e a complexidade dos dados empíricos explica, em parte, a desafeição pela própria noção da lei natural. Para que a noção de lei natural possa servir à elaboração de uma ética universal em uma sociedade secularizada e pluralista como a nossa, é necessário evitar, portanto, apresentá-la sob a forma rígida que assumiu, em particular, no racionalismo moderno.

1.6. O magistério da Igreja e a lei natural

34. Antes do século XIII, quando a distinção entre a ordem natural e a ordem sobrenatural não estava claramente elaborada, a lei natural era geralmente assimilada pela moral cristã. Assim, o decreto de Graciano, que forneceu a norma canônica básica no século XII, inicia-se assim: "A lei natural é o que está contido na Lei e no Evangelho". Depois, ele identifica o conteúdo da lei natural com a regra de ouro e precisa que as leis divinas correspondem à natureza.[39] Os Padres da Igreja recorreram, portanto, à lei natural e à Sagrada Escritura para fundamentar o comportamento moral dos cristãos; mas o Magistério da Igreja, nos primeiros tempos, teve pouco a intervir para resolver as disputas sobre o conteúdo da lei moral.

Quando o Magistério da Igreja foi impelido não somente a resolver discussões morais particulares, mas também a justificar sua posição ante um mundo secularizado, ele apelou explicitamente à noção de lei natural. É no século XIX, especialmente sob o pontificado de Leão XIII, que o recurso à lei natural se impõe nos atos do Magistério. A apresentação mais clara se encontra na Encíclica *Libertas praestantissimum*, de 1888. Leão XIII se refere à lei natural para identificar a fonte da autoridade civil e fixar seus limites. Ele recorda com veemência que é necessário obedecer antes a Deus do que aos homens, quando as autoridades civis mandam ou reconhecem alguma coisa que é contrária à lei divina ou à lei natural. Mas ele também recorre à lei natural para proteger a propriedade privada contra o socialismo ou, ainda, para defender o direito dos trabalhadores

---

[39] GRACIANO, *Concordantia discordantium canonum*, pars 1, dist. 1 (*PL* 187, col. 29): "Humanum genus duobus regitur, naturali videlicet jure et moribus. Jus naturale est quod in lege et Evangelio continetur, quo quisque jubetur alii facere quod sibi vult fieri, et prohibetur alii inferre quod sibi nolit fieri. [...] Omnes leges aut divinae sunt aut humanae. Divinae natura, humanae moribus constant, ideoque hae discrepant, quoniam aliae aliis gentibus placent".

de buscar, através do trabalho, o que é necessário para o sustento da própria vida. Nessa mesma linha, João XXIII, na Encíclica *Pacem in terris,* de 1963, se refere à lei natural para fundamentar os direitos e deveres do homem. Com Pio XI, na Encíclica *Casti Connubii*, de 1930, e Paulo VI, na Encíclica *Humanae vitae*, de 1968, a lei natural se revela como um critério decisivo nas questões relativas à moral conjugal. Certamente, a lei natural é de direito acessível à razão humana, comum aos crentes e aos não crentes, e a Igreja não tem exclusividade; contudo, como a Revelação assume as exigências da lei natural, o Magistério da Igreja se constitui em sua garantia e em seu intérprete.[40] O *Catecismo da Igreja Católica* (1992) e a Encíclica *Veritatis splendor* (1993) asseguram, assim, um lugar determinante para a lei natural na exposição sobre a moral cristã.[41]

35. Hoje, a Igreja Católica invoca a lei natural em quatro contextos principais. Em primeiro lugar, em face da propagação de uma cultura que limita a racionalidade às ciências positivas e abandona a vida moral ao relativismo, ela insiste sobre a capacidade natural que os homens têm de compreender por sua razão "a mensagem ética contida no ser"[42] e conhecer em suas grandes linhas as normas fundamentais de um agir justo conforme a sua natureza e a sua dignidade. A lei natural responde, assim, à exigência

---

[40] Cf. PAULO VI, Encíclica *Humanae vitae*, n. 4 (*AAS* 60 [1968], p. 483).
[41] Cf. *Catecismo da Igreja Católica*, n. 1954-1960; JOÃO PAULO II, Encíclica *Veritatis splendor*, n. 40-53.
[42] BENTO XVI, Discurso de 12 fevereiro de 2007, no Congresso internacional sobre a lei moral natural, organizado pela Pontifícia Universidade Lateranense (*AAS* 99 [2007], p. 243).

de fundamentar na razão os direitos do homem[43] e torna possível um diálogo intercultural e inter-religioso, capaz de favorecer a paz universal e de evitar o "choque de civilizações". Em segundo lugar, diante do individualismo relativista, que considera cada indivíduo fonte de seus próprios valores e a sociedade, resultado de puro contrato feito entre indivíduos, que escolhem constituir por eles mesmos todas as normas, ela recorda o caráter não convencional, mas natural e objetivo, das normas fundamentais que regem a vida social e política. Em particular, a forma democrática de governo está intrinsecamente ligada aos valores éticos estáveis, que têm sua fonte nas exigências da lei natural e que não dependem, portanto, das flutuações do consenso de uma maioria aritmética. Em terceiro lugar, ante um laicismo agressivo, que quer excluir as pessoas de fé do debate público, a Igreja mostra que as intervenções dos cristãos na vida pública, sobre temas que tocam a lei natural (defesa dos direitos dos oprimidos, justiça nas relações internacionais, proteção da vida e da família, liberdade religiosa e liberdade de educação…), não são, de *per se*, de natureza confessional, mas revelam o cuidado que cada cidadão deve ter pelo bem comum da sociedade. Em quarto lugar, perante as ameaças de abuso de poder, e mesmo do totalitarismo, que encobre o positivismo jurídico e que algumas ideologias veiculam,

---

[43] Cf. BENTO XVI, Discurso de 18 de abril de 2008 perante a Assembleia Geral da ONU: "Tais direitos (os direitos do homem) estão baseados na lei natural inscrita no coração do homem e presente nas diversas culturas e civilizações. Remover os direitos humanos deste contexto significaria limitar o seu âmbito e ceder a uma concepção relativista, segundo a qual o significado e a interpretação dos direitos poderiam variar e a sua universalidade seria negada em nome de diferentes contextos culturais, políticos, sociais e até religiosos".

a Igreja recorda que as leis civis não obrigam à consciência quando estão em contradição com a lei natural, e ela propõe o reconhecimento do direito à objeção de consciência, como também a desobediência em nome da obediência a uma lei maior.[44] A referência à lei natural, longe de engendrar o conformismo, garante a liberdade pessoal e defende os marginalizados e aqueles que são oprimidos pelas estruturas sociais esquecidas do bem comum.

---

[44] Cf. JOÃO PAULO II, Encíclica *Evangelium vitae*, n. 73-74.

CAPÍTULO 2
A PERCEPÇÃO DOS VALORES MORAIS COMUNS

36. O exame das grandes tradições de sabedoria moral, feito no capítulo primeiro, atesta que alguns tipos de comportamentos humanos são reconhecidos, na maior parte das culturas, como expressão de certa excelência na maneira de o ser humano viver e realizar a sua humanidade: atos de coragem, paciência nas provas e dificuldades da vida, compaixão pelos fracos, moderação no uso dos bens materiais, atitude responsável em face do meio ambiente, dedicação ao bem comum... Estes comportamentos éticos definem as grandes linhas de um ideal propriamente moral de uma vida "segundo a natureza", isto é, conforme o ser profundo do sujeito humano. Além disso, alguns comportamentos são universalmente percebidos como objetos de reprovação: assassinato, furto, mentira, cólera, inveja, avareza... Eles se manifestam como atitudes que atentam contra a dignidade da pessoa humana e as justas exigências da vida em sociedade. É justo ver, por meio destes consensos, uma manifestação do que é, além da diversidade das culturas, o humano no ser humano, isto é, a "natureza humana". Mas, ao mesmo tempo, se deve constatar que esse acordo sobre a qualidade moral de alguns comportamentos coexiste com uma grande variedade de teorias explicativas. Ainda que se trate de doutrinas fundamentais dos *Upanishads* para o Hinduísmo ou das quatro "verdades nobres" para o Budismo, ou do *Dào* de Lao-Tseu ou da "natureza" dos estoicos, cada sabedoria ou cada sistema filosófico compreende o agir moral a partir de um quadro explicativo geral, que vem legitimar a distinção entre o que é bem e o que é mal. Diante de uma diversidade de justificações, que torna difícil o diálogo e o fundamento das normas morais, há o que fazer.

37. Portanto, sejam quais forem as justificativas teóricas do conceito de lei natural, é possível descobrir os dados imediatos da consciência, dos quais se quer dar conta. O objeto do presente capítulo é, precisamente, mostrar como estão ligados os valores morais comuns, que constituem a lei natural. E, em seguida, veremos como o conceito de lei natural se apoia sobre um quadro explicativo, que fundamenta e legitima os valores morais de uma forma capaz de ser compartilhada por muitos. Para se fazer isso, a apresentação da lei natural por santo Tomás de Aquino aparece particularmente pertinente, entre outros, porque ele situa a lei natural dentro de uma moral que sustenta a dignidade da pessoa humana e reconhece sua capacidade de discernimento.[45]

---

[45] Cf. JOÃO PAULO II, Encíclica *Veritatis splendor*, n. 44: "A Igreja referiu-se frequentemente à doutrina tomista da lei natural, assumindo-a no próprio ensinamento moral".

2.1. O papel da sociedade e da cultura

38. Só progressivamente é que a pessoa humana acede à experiência moral e se torna capaz de dar a si mesma os preceitos que deve guiar o seu agir. Ela a atinge na medida em que, desde o seu nascimento, est inserida em uma rede de relações humanas, começando pela família, que lhe permite tomar pouco a pouco consciência dela mesma e da realidade que a cerca. Isto acontece, em particular, com a aprendizagem de uma língua – a língua materna – pela qual aprende a dar nome às coisas e possibilita tornar-se um sujeito consciente de si mesmo. Orientada pelos outros que a cercam, impregnada da cultura na qual está imersa, a pessoa percebe certos modos de se comportar e de pensar como valores a buscar, leis a observar, exemplos a imitar e visões do mundo a acolher. O contexto social e cultural exerce, portanto, um papel decisivo na educação dos valores morais. Contudo, não se podem opor esses condicionamentos à liberdade humana. Ao contrário, eles a tornam possível, pois que é através deles que a pessoa pode chegar à experiência moral que a permite revisar, eventualmente, certas "evidências" que ela interiorizou no curso de sua aprendizagem moral. De outra parte, no contexto de globalização atual, as sociedades e as próprias culturas devem praticar inevitavelmente um diálogo e uma troca recíproca sincera, fundadas sobre a corresponsabilidade de todos perante o bem comum do planeta: é necessário deixar de lado os interesses particulares para concordar com os valores morais que todos são conclamados a partilhar.

2.2. A experiência moral: "É necessário fazer o bem"

39. Todo ser humano, que chega à consciência e à responsabilidade, faz a experiência de um apelo interior de cumprir o bem. Ele descobre que é, fundamentalmente, um ser moral, capaz de perceber e de exprimir a interpelação que, como já foi visto, se encontra no interior de todas as culturas: "É necessário fazer o bem e evitar o mal". É sobre esse preceito que se fundamentam todos os outros preceitos da lei natural.[46] Esse primeiro preceito é conhecido naturalmente, imediatamente, pela razão prática, assim como o princípio da não contradição (a inteligência não pode, simultaneamente e sob o mesmo aspecto, afirmar e negar algo de um sujeito), que está na base de todo o raciocínio especulativo, é apreendido intuitivamente, naturalmente, pela razão teórica, quando o sujeito compreende o sentido dos termos empregados. Tradicionalmente, esse conhecimento do primeiro princípio da vida moral é atribuído a uma disposição intelectual inata, que se chama de sindérese.[47]

---

[46] TOMÁS DE AQUINO, *Summa theologiae*, Ia-IIae, q. 94, a. 2: "Logo, primeiro princípio da lei é: deve-se fazer e buscar o bem e evitar o mal. E este é o fundamento de todos os outros preceitos da lei natural; de modo que tudo quanto a razão prática naturalmente apreende como bens humanos, e que deve ser feito ou evitado, pertence aos preceitos da lei da natureza" (tradução de Alexandre Corrêa. *Suma Teológica*. Caxias do Sul: EST, UCS, SULINA, 1980. p. 1760, v. V). (Hoc est [...] primum praeceptum legis, quod bonum est faciendum et prosequendum, et malum vitandum. Et super hoc fundantur omnia alia praecepta legis naturae, ut scilicet omnia illa facienda vel vitanda pertineant ad praecepta legis naturae, quae ratio practica naturaliter apprehendit esse bona humana.)

[47] Cf. TOMÁS DE AQUINO, *Summa theologiae*, Ia, q. 79, a. 12; *Catecismo da Igreja Católica*, n. 1780.

40. Com esse princípio, nós nos situamos imediatamente no plano da moralidade. O bem que assim se impõe à pessoa é, com efeito, o bem moral, isto é, um comportamento que, superando as categorias do útil, caminha no sentido da realização autêntica desse ser, ao mesmo tempo uno e diversificado, que é a pessoa humana. A atividade humana é irredutível a uma mera questão de adaptação ao "ecossistema": ser humano significa existir e se situar dentro de um quadro mais amplo, que define um sentido, valores e responsabilidades. Na busca do bem moral, a pessoa contribui ao aperfeiçoamento de sua natureza, indo além dos impulsos do instinto ou da busca de um prazer particular. Esse bem dá testemunho para si mesmo e é compreendido a partir de si mesmo.[48]

41. O bem moral corresponde ao desejo profundo da pessoa humana, que – como todo ser – tende espontaneamente, naturalmente, para o que a realiza plenamente, para o que a permite atingir a perfeição que lhe é própria, a felicidade. Infelizmente, o sujeito sempre pode se deixar arrastar pelos desejos particulares e escolher bens ou fazer atos que vão de encontro ao bem moral que ele reconhece. Ele pode negar se superar. É o preço de uma liberdade limitada em si mesma e enfraquecida pelo pecado; uma liberdade que encontra somente bens particulares, nenhum capaz de satisfazer plenamente o coração do homem. Diz respeito

---

[48] Cf. GUARDINI, R. *Liberté, grâce et destinée*. Trad. J. Ancelet-Hustache, Paris, 1960, pp. 46-47: "Cumprir o bem significa também cumprir o que torna fecunda e rica a existência. Assim, o bem é aquilo que preserva a vida e a leva a sua plenitude, mas somente quando é feito por si mesmo".

à razão de o sujeito examinar se esses bens particulares podem se integrar na realização autêntica da pessoa: neste caso, eles serão julgados moralmente bons e, ao contrário, moralmente maus.

42. Esta última afirmação é capital. Ela fundamenta a possibilidade de um diálogo com pessoas pertencentes a outros horizontes culturais ou religiosos. Ela valoriza a eminente dignidade de toda pessoa humana ao sublinhar sua aptidão natural a conhecer o bem moral que deve cumprir. Como toda criatura, a pessoa humana se define por um feixe de dinamismos e de finalidades que é anterior às escolhas livres da vontade. Mas, diferentemente dos seres que não são dotados de razão, ela é capaz de conhecer e de interiorizar tais finalidades e, portanto, de avaliar, em função delas, o que é bom ou mau para si. Assim, ela reconhece a lei eterna, isto é, o plano de Deus para a criação, e participa da providência de Deus de uma maneira particularmente excelente, guiando a si mesma e guiando os outros.[49] Essa insistência

---

[49] Cf. TOMÁS DE AQUINO, *Summa theologiae*, Ia-IIae, q. 91, a. 2: "Ora, entre todas as criaturas, a racional está sujeita à Divina Providência de modo mais excelente, por participar ela própria da providência, provendo a si mesma e às demais. Portanto, participa da razão eterna, donde tira a sua inclinação natural para o ato e o fim devidos. E a essa participação da lei eterna pela criatura racional se dá o nome de lei natural" (tradução de Alexandre Corrêa, op. cit., p. 1738). (Inter cetera autem rationalis creatura excellentiori quodam modo divinae providentiae subiacet, inquantum et ipsa fit providentiae particeps, sibi ipsi et aliis providens. Unde et in ipsa participatur ratio aeterna, per quam habet naturalem inclinationem ad debitum actum et finem. Et talis participatio legis aeternae in rationali creatura lex naturalis dicitur.) Este texto é citado por João Paulo II, na Encíclica *Veritatis splendor*, n. 43. Cf. também o Concílio Vaticano II, Declaração *Dignitatis humanae*, n. 3: "A norma suprema da vida humana é a própria lei divina, eterna, objetiva e universal, pela qual Deus, pelo

sobre a dignidade do sujeito moral e sobre a sua autonomia relativa se enraíza no reconhecimento da autonomia das realidades criadas e se torna um dado fundamental da cultura contemporânea.[50]

43. A obrigação moral que o sujeito percebe não vem, portanto, de uma lei que lhe seria exterior (heteronomia pura), mas se afirma a partir de si mesma. De fato, como indica o axioma que havíamos invocado – "É necessário fazer o bem e evitar o mal" –, o bem moral que a razão determina "se impõe" ao sujeito. Ele "deve" ser cumprido. Ele se reveste de um caráter de obrigação e de lei. Mas aqui o termo "lei" não indica as leis científicas, que se limitam a descrever as constantes fatuais do mundo físico ou social, nem um imperativo imposto arbitrariamente de fora do sujeito moral. Aqui a lei designa uma orientação da razão prática, que indica ao sujeito moral qual tipo de agir está conforme ao dinamismo inato e necessário de seu ser, que tende a sua plena realização. Essa lei é normativa em virtude de uma exigência interna do espírito. Ela brota do coração mesmo de nosso ser como um impulso à realização e à superação de si. Não se trata, portanto, de se submeter à lei de outro, mas de acolher a lei de seu próprio ser.

---

conselho de Sua sabedoria e amor, ordena, dirige e governa o mundo todo e os caminhos da comunidade humana. Deus torna o homem participante desta Sua lei, de forma que o homem, por suave disposição da providência divina, possa alcançar mais e mais a verdade incomutável".

[50] CONCÍLIO VATICANO II, Constituição pastoral *Gaudium et spes*, n. 36.

2.3. A descoberta dos preceitos da lei natural: universalidade da lei natural

44. Uma vez posta a afirmação básica, que introduz na ordem moral – "é necessário fazer o bem e evitar o mal" –, vejamos como se opera, no sujeito, o reconhecimento das leis fundamentais que devem governar o agir humano. Tal reconhecimento não consiste em uma consideração abstrata da natureza humana nem do esforço de conceitualização, que depois será o objeto da teorização filosófica e teológica. A percepção dos bens morais fundamentais é imediata, vital, fundada na dimensão conatural do espírito com os valores, e ela, também, empenha tanto a afetividade quanto a inteligência, tanto o coração quanto o espírito. É uma aquisição frequentemente imperfeita, ainda obscura e crepuscular, mas que tem a profundidade do imediato. Trata-se aqui dos dados da experiência – o mais simples e o mais comum –, que estão implícitos no agir concreto das pessoas.

45. Na busca do bem moral, a pessoa humana se põe à escuta do que ela é e toma consciência das inclinações fundamentais de sua natureza, que não são outra coisa senão simples impulsos cegos do desejo. Percebendo que os bens para os quais ela tende por natureza são necessários a sua realização moral, formula a si mesma, sob forma de injunções práticas, o dever moral a ser colocado em prática em sua vida. Exprime para si própria certo número de preceitos muito gerais que compartilha com todos os seres humanos e que constituem o conteúdo do que se chama lei natural.

46. Tradicionalmente, distinguem-se três grandes conjuntos de dinamismos naturais, que estão presentes na pessoa humana.[51] O primeiro, que é comum a todo ser substancial, compreende essencialmente a inclinação a conservar e a desenvolver a sua existência. O segundo, que é comum a todos os seres vivos, abrange a inclinação a se reproduzir para perpetuar a espécie. O terceiro, que é próprio como ser racional, comporta a inclinação a conhecer a verdade sobre Deus assim como para viver em sociedade. A partir dessas inclinações se podem formular os preceitos primeiros da lei natural, conhecidos naturalmente. Esses preceitos são muito gerais, mas formam como que um primeiro substrato, o qual está na base de toda reflexão ulterior sobre o bem a praticar e o mal a evitar.

47. Para sair dessa generalidade e esclarecer as escolhas concretas a fazer, é necessário apelar para a razão discursiva, que irá determinar quais são os bens morais capazes de realizar a pessoa – e a humanidade – e formular os preceitos mais concretos, aptos a guiar seu agir. Nessa nova etapa, o conhecimento do bem moral procede por raciocínio. Este é muito simples em sua origem: é suficiente uma experiência limitada da vida e ele se mantém de acordo com as possibilidades intelectuais de cada um. Se fala aqui de "preceitos segundos" da lei natural, descobertos graças a uma mais ou menos longa consideração da razão prática, em contraste com os preceitos gerais fundamentais, que a razão colhe de modo espontâneo e que são chamados de "preceitos primeiros".[52]

---

[51] Cf. TOMÁS DE AQUINO, *Summa theologiae*, *Ia-IIae*, q. 94, a. 2.
[52] Cf. TOMÁS DE AQUINO, *Summa theologiae*, *Ia-IIae*, q. 94, a. 6.

2.4. Os preceitos da lei natural

48. Nós identificamos, na pessoa humana, uma primeira inclinação, que ela compartilha com todos os seres: a inclinação para conservar e desenvolver sua existência. Há, habitualmente, entre os seres vivos, uma reação espontânea em face da ameaça iminente de morte: fuga, defesa da integridade da própria existência, luta para sobreviver. A vida física aparece, naturalmente, como um bem fundamental, essencial, primordial: daí brota o preceito de proteger a própria vida. Sob esse enunciado de conservação da vida se perfilam as inclinações para tudo o que contribui, de uma forma própria ao homem, à manutenção e à qualidade da vida biológica: integridade do corpo; uso dos bens exteriores, que garantam a subsistência e integridade da vida, tal como a nutrição, a vestimenta, a moradia, o trabalho; a qualidade do ambiente biológico… A partir dessas inclinações, o ser humano se propõe fins a realizar, que contribuem ao desenvolvimento harmonioso e responsável do próprio ser e que, portanto, lhe aparecem como bens morais, valores a buscar, obrigações a cumprir e direitos a fazer valer. Com efeito, o dever de preservar a própria vida tem como correlativo o direito de exigir o que é necessário à sua conservação em um ambiente favorável.[53]

49. A segunda inclinação, que é comum a todos os seres vivos, concerne à sobrevivência da espécie, que se realiza pela procriação. A geração se inscreve no prolongamento da tendência de perpetuar o ser. Se a perpetuação da existência

---

[53] Cf. *Declaração Universal dos Direitos Humanos*, artigos 3, 5, 17, 22.

biológica é impossível ao próprio indivíduo, ela é possível à espécie, e, assim, em certa medida, se encontra vencido o limite inerente a todo ser físico. O bem da espécie aparece, então, como uma das aspirações fundamentais presentes na pessoa. Particularmente, em nossos dias tomamos consciência quando certas perspectivas, como o aquecimento climático, avivam nosso senso de responsabilidade para com o planeta como tal e da espécie humana em particular. Essa abertura a certo bem comum da espécie anuncia já algumas aspirações próprias ao homem. O dinamismo para com a criação está intrinsecamente ligado à inclinação natural, que leva o homem para a mulher e a mulher para o homem, dado universal reconhecido em todas as sociedades. O mesmo vale para a inclinação de cuidar dos filhos e de educá-los. Essas inclinações implicam que a permanência do casal homem e mulher, e até mesmo sua fidelidade mútua, já sejam valores a buscar, mesmo se eles só possam se manifestar plenamente na ordem espiritual da comunhão interpessoal.[54]

50. O terceiro conjunto de inclinações é específico ao ser humano como ser espiritual, dotado de razão, capaz de conhecer a verdade, de entrar em diálogo com os outros e de estabelecer relações de amizade. Assim, deve-se reconhecer sua particular importância. A inclinação a viver em sociedade deriva, primeiramente, do fato de que o homem tem necessidade dos outros para superar seus limites individuais intrínsecos e atingir sua maturidade nos diferentes âmbitos de sua existência. Mas, para manifestar plenamente

---

[54] Cf. *Declaração Universal dos Direitos Humanos*, artigo 16.

sua natureza espiritual, ele precisa estabelecer relações de amizade generosa com seus semelhantes e desenvolver uma cooperação intensa na busca da verdade. Seu bem integral está, assim, intimamente ligado à vida em comunidade, que existe em virtude de uma inclinação natural e não por uma simples convenção, e que o faz se organizar em sociedade política.[55] O caráter relacional da pessoa se exprime também pela tendência de viver em comunhão com Deus ou o Absoluto. Isso se manifesta no sentimento religioso e no desejo de conhecer a Deus. Certamente, tal tendência pode ser negada por aqueles que refutam admitir a existência de um Deus pessoal, mas que permanece mais ou menos implícito na busca da verdade e do sentido que habita em todo ser humano.

51. A essa tendência específica do homem corresponde a exigência percebida pela razão de realizar concretamente essa via de relações e de construir a vida em sociedade em bases justas, que correspondam ao direito natural. Isto implica o reconhecimento da igualdade fundamental de todo indivíduo da espécie humana, além das diferenças de raça e de cultura, e um grande respeito pela humanidade lá onde ela se encontre, e inclusive do menor e do mais desprezado de seus membros. "Não faças para o outro o que não queres que te façam." Nós reencontramos aqui a regra de ouro, que hoje é posta como princípio próprio de uma moral de reciprocidade. O primeiro capítulo permitiu-nos reportar à presença dessa regra na maior parte das sabedorias,

---

[55] Cf. ARISTÓTELES, *Politique*, I, 2 (1253 a 2-3); CONCÍLIO VATICANO II, Constituição pastoral *Gaudium et spes*, n. 12, § 4.

assim como no próprio Evangelho. É em referência a uma formulação negativa dessa regra de ouro que são Jerônimo manifestava a universalidade de vários preceitos morais. "É justo o julgamento de Deus que escreve no coração do gênero humano: 'Aquilo que não queres que te façam, não faças aos outros'. Quem não sabe que o homicídio, o adultério, os furtos e toda espécie de cobiça são o mal, e, por isso, que não queremos que sejam feitos a nós mesmos? Se não soubéssemos que estas coisas são más, jamais nos lamentaríamos quando elas nos fossem infligidas".[56] A regra de ouro une vários mandamentos do Decálogo, assim como numerosos preceitos budistas, até regras do Confucionismo, ou ainda a maior parte das orientações das grandes Cartas que indicam os direitos das pessoas.

52. Ao final desta rápida explicitação dos princípios morais, que derivam da tomada de consciência pela razão das inclinações fundamentais da pessoa humana, estamos na presença de um conjunto de preceitos e valores que, ao menos em sua formulação geral, podem ser considerados universais, porque se aplicam a toda a humanidade. Eles se revestem, também, de um caráter de imutabilidade, na medida em que decorrem de uma natureza humana cujos componentes essenciais permanecem idênticos ao longo de toda a história. Todavia, pode acontecer que estejam obscurecidos ou mesmo apagados no coração humano em razão do pecado e dos condicionamentos culturais e históricos que podem influenciar negativamente a vida moral pessoal:

---

[56] JERÔNIMO, *Epistolae* 121, 8 (*PL* 22, col. 1024).

ideologias e propagandas insidiosas, relativismo generalizado, estruturas de pecado[57]... É necessário, portanto, ser modesto e prudente quando se invoca a "evidência" dos preceitos da lei natural. Mas é correto reconhecer nesses preceitos o fundo comum sobre o qual se pode apoiar um diálogo em vista de uma ética universal. Os protagonistas desse diálogo devem, no entanto, aprender a abstrair-se de seus interesses particulares para se abrir às necessidades dos outros e se deixar interpelar pelos valores morais comuns. Em uma sociedade pluralista, na qual é difícil entender os fundamentos filosóficos, tal diálogo é absolutamente necessário. A doutrina da lei natural pode trazer sua contribuição a tal diálogo.

2.5. A aplicação dos preceitos comuns: historicidade da lei natural

53. É impossível permanecer no nível de generalidade, que é aquele dos princípios primeiros da lei natural. A reflexão moral, com efeito, tem necessidade de descer ao

---

[57] Cf. TOMÁS DE AQUINO, *Summa theologiae*, Ia-IIae, q. 94, art. 6: "Quanto, porém, aos outros preceitos secundários, a lei natural pode ser destruída do coração humano, seja por persuasões más, como se insinuam erros a respeito das conclusões necessárias nas ciências especulativas, seja por maus costumes e hábitos corruptos, assim como se deu com alguns que não consideravam pecado os roubos ou os vícios contra a natureza, como diz o apóstolo em Rm 1,24" (Quantum vero ad alia praecepta secundaria, potest lex naturalis deleri de cordibus hominum, vel propter malas persuasiones, eo modo quo etiam in speculativis errores contingunt circa conclusiones necessarias; vel etiam propter pravas consuetudines et habitus corruptos; sicut apud quosdam non reputabantur latrocinia peccata, vel etiam vitia contra naturam, ut etiam apostolus dicit, ad Rom. I).

concreto da ação para aí lançar sua luz. Mas quanto mais ela enfrenta situações concretas e contingentes, tanto mais suas conclusões são afetadas por uma nota de variabilidade e de incerteza. Não é surpreendente, pois, que a aplicação concreta dos preceitos da lei natural possa tomar formas diferentes nas diversas culturas ou mesmo em épocas diferentes dentro de uma mesma cultura. Basta invocar a evolução da reflexão moral sobre questões como a escravatura, empréstimo a juros, duelo ou pena de morte. Às vezes, essa evolução conduz a uma compreensão melhor da interpelação moral. E, também, a evolução da situação política ou econômica traz uma reavaliação das normas particulares que foram estabelecidas anteriormente. De fato, a moral se ocupa de realidades contingentes que evoluem no tempo. Se bem que tenha vivido em uma época de cristandade, um teólogo como santo Tomás de Aquino tinha uma percepção muito nítida. "A razão prática, escreve ele na *Suma Teológica,* se ocupa de realidades contingentes, nas quais se exercem as ações humanas. É por isso que, embora nos princípios gerais haja alguma necessidade, quanto mais se afrontam as coisas particulares tanto mais há indeterminação [...]. No campo da ação, a verdade ou a retidão prática não é a mesma para todos nas aplicações particulares, mas unicamente nos princípios gerais; e para aqueles que a retidão é idêntica em suas próprias ações, ela não é igualmente conhecida por todos. [...] E aqui, quanto mais se desce no particular, mais a indeterminação aumenta."[58]

---

[58] TOMÁS DE AQUINO, *Summa theologiae, Ia-IIae,* q. 94, a. 4: "Ratio practica negotiatur circa contingentia, in quibus sunt operationes humanae, et ideo, etsi

54. Tal perspectiva dá conta da historicidade da lei natural, cujas aplicações concretas podem variar no tempo. Ao mesmo tempo, ela abre uma porta à reflexão dos moralistas, convidando ao diálogo e à discussão. Isto é tão mais necessário porque, na moral, a pura dedução por silogismo não é adequada. Quanto mais o moralista aborda situações concretas, tanto mais ele deve recorrer à sabedoria da experiência; uma experiência que integre as contribuições das ciências e que se nutre com o contato de mulheres e de homens engajados na ação. Só essa sabedoria da experiência permite considerar a multiplicidade das circunstâncias e chegar a uma orientação sobre o modo de fazer o que é bom *hic et nunc*. O moralista deve, também, lançar mão (e esta é a dificuldade de seu trabalho) dos recursos, de forma integrada, da teologia, da filosofia, assim como das ciências humanas, econômicas e biológicas, para discernir bem os dados da situação e identificar corretamente as exigências concretas da dignidade humana. Ao mesmo tempo, ele deve estar particularmente atento a salvaguardar os dados básicos expressos pelos preceitos da lei natural, que permanecem além das variações culturais.

---

in communibus sit aliqua necessitas, quanto magis ad propria descenditur, tanto magis invenitur defectus [...]. In operativis autem non est eadem veritas vel rectitudo practica apud omnes quantum ad propria, sed solum quantum ad communia, et apud illos apud quos est eadem rectitudo in propriis, non est aequaliter omnibus nota. [...] Et hoc tanto magis invenitur deficere, quanto magis ad particularia descenditur".

2.6. As disposições morais da pessoa e seu agir concreto

55. Para chegar a uma justa avaliação das coisas a fazer, o sujeito moral deve estar dotado de certo número de disposições interiores, que lhe permitem estar aberto às interpelações da lei natural e, ao mesmo tempo, bem informado sobre os dados da situação concreta. No contexto do pluralismo, que é o nosso, se está cada vez mais consciente que não se pode elaborar uma moral fundada sobre a lei natural sem uni-la a uma reflexão sobre as disposições interiores ou virtudes que tornem o moralista apto a elaborar uma norma de ação adequada. Isto é ainda mais verdadeiro para o sujeito engajado pessoalmente na ação e que deve elaborar um juízo de consciência. Não surpreende o fato de hoje se assistir a um novo reflorescimento de uma "moral de virtudes", inspirada na tradição aristotélica. Ao insistir sobre as qualidades morais requeridas para uma reflexão ética adequada, compreende-se o papel importante que as diversas culturas atribuem à figura do sábio. Ele goza de uma particular capacidade de discernimento na medida em que possui as disposições morais interiores que lhe permitem fazer um julgamento ético adequado. É um discernimento desse tipo que deve caracterizar o moralista, quando ele se esforça por concretizar os preceitos da lei natural, assim como todo sujeito autônomo encarregado de fazer um julgamento de consciência e de formular a norma imediata e concreta de sua ação.

56. A moral não pode, portanto, limitar-se a produzir normas. Ela deve, também, favorecer a formação do sujeito para que ele, empenhado na ação, seja capaz de adaptar os preceitos universais da lei natural às condições concretas da existência nos contextos culturais diversos. Essa capacidade é assegurada pelas virtudes morais, particularmente pela prudência, que integra a singularidade para guiar a ação concreta. O homem prudente deve possuir não somente o conhecimento do universal, mas também o conhecimento do particular. Para destacar bem o caráter próprio dessa virtude, santo Tomás de Aquino não teme dizer: "Se ele não chega a ter um dos dois conhecimentos, é preferível que este seja o conhecimento das realidades particulares, que toca mais de perto a operação".[59] Com a prudência, ele trata de penetrar em uma contingência, que permanece sempre misteriosa para a razão, de se moldar sobre a realidade de modo mais exato possível, de assimilar a multiplicidade das circuns-

---

[59] Cf. TOMÁS DE AQUINO, *Sententia libri Ethicorum*, Lib. VI, 6 (éd. Léonine, t. XLVII, pp. 353-354): "A prudência não considera somente o universal, campo no qual não há ação. É necessário que ela conheça o singular para que ela seja ativa, isto é, princípio de ação. Ora, a ação é sobre o singular. Por isso, algumas pessoas que não têm a ciência do universal são mais ativas em algumas atividades particulares do que aqueles que têm a ciência do universal, porque têm a experiência das realidades particulares. [...] Pois que, portanto, a prudência é uma razão ativa, é necessário que o homem prudente possua um e outro conhecimento, isto é, o universal e o particular. Ou também, se ele tem um só, é melhor que tenha o conhecimento do particular, que está mais próximo da operação". (Prudentia enim non considerat solum universalia, in quibus non est actio; sed oportet quod cognoscat singularia, eo quod est activa, idest principium agendi. Actio autem est circa singularia. Et inde est, quod quidam non habentes scientiam universalium sunt magis activi circa aliqua particularia, quam illi qui habent universalem scientiam, eo quod sunt in aliis particularibus experti. [...]. Quia igitur prudentia est ratio activa, oportet quod prudens habeat utramque notitiam, scilicet et universalium et particularium; vel, si alteram solum contingat ipsum habere, magis debet habere hanc, scilicet notitiam particularium, quae sunt propinquiora operationi.)

tâncias, de registrar o mais fielmente possível uma situação original e indescritível. Tal objetivo necessita de numerosas operações e habilidades que a prudência deve prover.

57. Todavia, o sujeito não deve se perder no concreto e no individual, como foi censurado na "ética de situação". Ele deve descobrir a "reta regra de agir" e estabelecer uma adequada norma de ação. Essa regra deve derivar dos princípios preliminares. Aqui se pensa nos princípios primeiros da razão prática, mas também cabe às virtudes morais abrir e tornar conatural a vontade e a afetividade sensível aos diferentes bens humanos, e indicar, assim, ao homem prudente quais são os fins que ele deve perseguir no fluxo do cotidiano. É nesse momento que ele será capaz de formular a norma concreta que se impõe e de impregnar a ação dada pela luz da justiça, da força ou da temperança. Não será falso, aqui, falar do exercício de uma "inteligência emocional": os poderes racionais, sem perder sua especificidade, se exercem dentro de um campo específico, de sorte que a totalidade da pessoa está empenhada na ação moral.

58. A prudência é indispensável para o sujeito moral por causa da flexibilidade requerida pela adaptação dos princípios morais universais à diversidade das situações. Mas tal flexibilidade não autoriza a ver na prudência uma espécie de facilitação do compromisso para com os valores morais. Bem ao contrário, é por meio das decisões da prudência que se exprimem as exigências concretas da verdade moral para um sujeito. A prudência é uma passagem necessária para a obrigação moral autêntica.

59. Há uma perspectiva que, dentro de uma sociedade pluralista como a nossa, se reveste de uma importância que não deverá ser subestimada sem incorrer em danos consideráveis. Com efeito, ela nasce do fato de que a ciência moral não pode fornecer ao sujeito agente uma norma que se aplique de forma adequada e quase automática à situação concreta: só a consciência do sujeito, o juízo de sua razão prática, pode formular a norma imediata da ação. Mas, ao mesmo tempo, ela não deixa a consciência entregue só à subjetividade: visa fazer o sujeito adquirir as disposições intelectuais e afetivas que lhe permitem se abrir à verdade moral, de tal sorte que seu juízo seja adequado. A lei natural não poderá ser apresentada como um conjunto de regras já constituído e que se impõe *a priori* ao sujeito moral, mas ela é uma fonte de inspiração objetiva para seu processo, eminentemente pessoal, de tomada de decisão.

CAPÍTULO 3
OS FUNDAMENTOS TEÓRICOS DA LEI NATURAL

3.1. Da experiência às teorias

60. A aquisição espontânea dos valores éticos fundamentais, que se exprime nos preceitos da lei natural, constitui o ponto de partida do processo que conduz, em seguida, o sujeito moral ao juízo da consciência, na qual ele anuncia quais são as exigências morais que lhe são impostas em uma situação concreta. É tarefa do filósofo e do teólogo refletir sobre essa experiência de aquisição dos primeiros princípios da ética para verificar o valor e a fundamentá-lo na razão. O reconhecimento desses fundamentos filosóficos ou teológicos não condiciona, todavia, a adesão espontânea aos valores comuns. Com efeito, o sujeito moral pode pôr em prática as orientações da lei natural sem ser capaz, em razão dos condicionamentos intelectuais particulares, de discernir explicitamente os fundamentos teóricos últimos.

61. A justificação filosófica da lei natural apresenta dois níveis de coerência e de profundidade. A ideia de uma lei natural se justifica, antes de tudo, no plano da observação refletida pelas constantes antropológicas, que caracterizam uma humanização bem-sucedida da pessoa e uma vida social harmoniosa. A experiência refletida, veiculada pelas sabedorias tradicionais, pelas filosofias ou pelas ciências humanas, permite determinar algumas das condições requeridas para que cada um desenvolva o melhor possível as capacidades humanas em sua vida pessoal e comunitária.[60] É assim que alguns comportamentos são reconhecidos como expressão de uma exemplar excelência no modo de viver e realizar a sua humanidade. Eles definem as grandes linhas de um ideal propriamente moral de uma vida virtuosa "segundo a natureza", isto é, conforme a natureza profunda do sujeito humano.[61]

62. No entanto, só levando em conta a dimensão metafísica da realidade se pode dar à lei natural sua plena e completa justificação filosófica. Com efeito, a metafísica permite compreender que o universo não encontra nele mesmo a sua razão última de ser, e ela manifesta a estrutura fundamental do real: a distinção entre Deus, o próprio Ser subsistente, e os outros seres postos por ele na existência.

---

[60] Por exemplo, a psicologia experimental sublinha a importância da presença ativa dos pais, de um ou de outro sexo, para o desenvolvimento harmonioso da personalidade da criança, ou, ainda, o papel decisivo da autoridade paterna para a construção de sua identidade. A história política sugere que a participação de todos nas decisões que concernem ao conjunto da comunidade é, geralmente, um fator de paz social e de estabilidade política.

[61] A este primeiro nível, a expressão da lei natural, às vezes, abstrai uma referência explícita a Deus. Certamente, a abertura à transcendência faz parte dos comportamentos virtuosos que se tem o direito de esperar do homem realizado, mas Deus não é ainda necessariamente reconhecido como o fundamento e a fonte da lei natural, nem como o fim último que mobiliza e hierarquiza os diferentes comportamentos virtuosos. Esse não reconhecimento explícito de Deus, como norma moral última, parece impedir o acesso "empírico" da lei natural para se constituir em doutrina propriamente moral.

Deus é o Criador, a fonte, livre e transcendente, de todos os outros seres. Estes recebem dele, "com medida, número e peso" (Sb 11,20), a existência segundo uma natureza que os define. As criaturas são, portanto, a epifania de uma sabedoria criadora pessoal, de um *Logos* fundador, que se exprime e se manifesta nelas. "Toda criatura é verbo divino, porque ela fala de Deus", escreve são Boaventura.[62]

63. O Criador não é somente o princípio das criaturas, mas também o fim transcendente, para o qual elas tendem por natureza. Assim, as criaturas são animadas por um dinamismo que as leva à realização, cada uma a seu modo, na união com Deus. Esse dinamismo é transcendente, na medida em que procede da lei eterna, isto é, do plano da providência divina, que existe no espírito do Criador.[63] Mas ele é, também, imanente, porque não é imposto de fora – *ab*

---

[62] BOAVENTURA, *Commentarius in Ecclesiasten*, cap. 1 (Opera omnia, VI, éd. Quaracchi, 1893, p. 16): "Verbum divinum est omnis creatura, quia Deum loquitur".

[63] Cf. TOMÁS DE AQUINO, *Summa theologiae*, Ia-IIae, q. 91, a. 1: "A lei não é mais do que um ditame da razão prática, do chefe que governa uma comunidade perfeita. Ora, supondo que o mundo seja governado pela Divina Providência [...] é manifesto que toda a comunidade do universo é governada pela razão divina. Por onde, a razão mesma do governo das coisas, em Deus, que é o regedor do universo, tem a natureza de lei. E como a razão divina nada concebe temporalmente, mas tem o conceito eterno [...] é forçoso dar a essa lei a denominação de eterna" (trad. Alexandre Corrêa, op. cit., p. 1737). (Nihil est aliud lex quam quoddam dictamen practicae rationis in principe qui gubernat aliquam communitatem perfectam. Manifestum est autem, supposito quod mundus divina providentia regatur [...], quod tota communitas universi gubernatur ratione divina. Et ideo ipsa ratio gubernationis rerum in Deo sicut in principe universitatis existens, legis habet rationem. Et quia divina ratio nihil concipit ex tempore, sed habet aeternum conceptum [...]; inde est quod huiusmodi legem oportet dicere aeternam.)

extra – às criaturas, mas inscrito na sua própria natureza. As criaturas puramente materiais realizam espontaneamente a lei de seu ser, ao passo que as criaturas espirituais a realizam de modo pessoal. Com efeito, elas interiorizam os dinamismos que as definem e os orientam livremente para a sua plena realização. Elas formulam a si mesmas como normas fundamentais de seu agir moral – esta é a lei natural propriamente dita – e se esforçam para cumpri-las livremente. A lei natural se define, então, como uma participação da lei eterna.[64] É mediada, de uma parte, pelas inclinações da natureza, expressões da sabedoria criadora, e, de outra parte, pela luz da razão humana, que as interpreta e que é ela mesma uma participação criada na luz da inteligência divina. A ética se apresenta, assim, como uma "teonomia participada".[65]

---

[64] Cf. TOMÁS DE AQUINO, *Summa theologiae*, Ia-IIae, q. 91, a. 2: "Unde patet quod lex naturalis nihil aliud est quam participatio legis aeternae in rationali creatura".

[65] JOÃO PAULO II, Encíclica *Veritatis splendor*, n. 41. O ensinamento sobre a lei natural como fundamento da ética é de direito acessível à razão natural. A história o atesta. Mas, de fato, este ensinamento só chega a sua plena maturidade sob a influência da revelação cristã. Antes de tudo, porque a compreensão da lei natural como participação da lei eterna está estreitamente ligada a uma metafísica da criação. Ora, esta, ainda que seja de direito acessível à razão filosófica, está verdadeiramente apresentada e explicada somente sob a influência do monoteísmo bíblico. Depois, porque a Revelação, por exemplo, através do Decálogo, explicita, confirma, purifica e realiza os princípios fundamentais da lei natural.

3.2. Natureza, pessoa e liberdade

64. A noção de natureza é particularmente complexa e não é, de maneira alguma, unívoca. Em filosofia, o pensamento grego da *physis* exerce um papel matricial. Nela, a natureza designa o princípio de identidade ontológica específica de um sujeito, isto é, a sua essência, que se define por um conjunto de características inteligíveis estáveis. Essa essência toma o nome de natureza, sobretudo quando é compreendida como o princípio interno do movimento, que orienta o sujeito para sua realização. Longe de remeter a um dado estático, a noção de natureza significa o princípio dinâmico real do desenvolvimento homogêneo do sujeito e de suas atividades específicas. A noção de natureza foi formada, antes de tudo, para pensar as realidades materiais e sensíveis, mas não se limita a esse âmbito "físico" e se aplica analogamente às realidades espirituais.

65. A ideia segundo a qual os seres possuem uma natureza, impõe-se ao espírito quando se quer dar a razão da finalidade imanente dos seres e da regularidade que se percebe em seus modos de agir e de reagir.[66] Considerar os seres como natureza significa, portanto, reconhecer que eles têm consistência própria e afirmar que são centros relativa-

---

[66] A teoria da evolução, que tende a reduzir a espécie a um equilíbrio precário e provisório no fluxo do devir, não torna a pôr radicalmente em cheque o próprio conceito de natureza? De fato, qualquer que seja o seu valor no plano da descrição biológica empírica, a noção de espécie responde a uma exigência permanente da explicação filosófica do ser vivo. Só o recurso a uma especificidade formal, irredutível à soma das propriedades materiais, permite dar conta da inteligibilidade do funcionamento interno de um organismo vivo, considerado um todo coerente.

mente autônomos na ordem do ser e do agir, e não simples ilusões ou construções temporárias da consciência. Mas essas "naturezas" não são unidades ontológicas fechadas, encerradas em si mesmas, e puramente justapostas umas às outras. Agem umas sobre as outras, estabelecendo relações complexas de causalidade entre si. Na ordem espiritual, as pessoas tecem relações intersubjetivas. As naturezas formam, portanto, uma rede e, em última análise, uma ordem, isto é, uma série unificada pela referência a um princípio.[67]

66. Com o Cristianismo, a *physis* dos antigos é repensada e integrada em uma visão mais ampla e mais profunda da realidade. De uma parte, o Deus da revelação cristã não é um simples componente do universo, um elemento do grande Tudo da natureza. Ao contrário, ele é o criador, transcendente e livre, do universo. De fato, o universo finito não pode fundar a si mesmo, mas aponta para o mistério de um Deus infinito, que, por amor, o criou *ex nihilo* e permanece livre para intervir no curso da natureza cada vez que quiser. De outra parte, o mistério transcendente de Deus se reflete no mistério da pessoa humana como imagem de Deus. A pessoa humana é capaz de conhecimento e de amor: ela é dotada de liberdade, apta a entrar em comunhão com os outros e chamada por Deus a um destino que transcende as finalidades da natureza física. Ela acontece mediante uma

---

[67] A doutrina teológica do pecado original sublinha fortemente a unidade real da natureza humana. Esta não pode se reduzir nem a uma simples abstração nem a uma soma de realidades individuais. Ela designa, antes, uma realidade que abraça todos os homens que partilham um mesmo destino. O simples fato de termos nascido (*nasci*), cria-nos relações permanentes de solidariedade com todos os outros homens.

livre e gratuita relação de amor com Deus, que se realiza na história.

67. Com sua insistência sobre a liberdade como condição da resposta do homem à iniciativa do amor de Deus, o Cristianismo contribui de modo determinante a dar o lugar devido à noção de pessoa no discurso filosófico, de maneira tal que teve influência decisiva sobre as doutrinas éticas. Além disso, a investigação teológica do mistério cristão conduziu a um aprofundamento muito significativo do tema filosófico da pessoa. De uma parte, a noção de pessoa serviu para designar, na sua distinção, o Pai, o Filho e o Espírito Santo no mistério infinito da única natureza divina. De outra parte, a pessoa é o ponto onde, respeitando a distinção e a separação entre as duas naturezas, divina e humana, se estabelece a unidade ontológica do Homem-Deus, Jesus Cristo. Na tradição teológica cristã, a pessoa apresenta dois aspectos complementares. De uma parte, segundo a definição de Boécio, retomada pela tradição escolástica, a pessoa é uma "substância (*subsistant*) individual de natureza racional".[68] Ela remete à unicidade de um sujeito ontológico, que, sendo de natureza espiritual, goza de uma dignidade e de uma autonomia que se manifestam na consciência de si e no livre senhorio de seu agir. De outra parte, a pessoa se manifesta na sua capacidade de entrar em relação: ela realiza sua ação na ordem da intersubjetividade e da comunhão no amor.

---

[68] BOÉCIO, *Contra Eutychen et Nestorium*, c. 3 (*PL* 64, col. 1344): "Persona est rationalis naturae individua substantia". Cf. BOAVENTURA, *Commentaria in librum I Sententiarum*, d. 25, a. 1, q. 2; TOMÁS DE AQUINO, *Summa theologiae*, *Ia*, q. 29, a. 1.

68. A pessoa não se opõe à natureza. Ao contrário, ambas são dois conceitos que se completam. De uma parte, cada pessoa é uma realização única da natureza humana entendida em sentido metafísico. De outra parte, nas escolhas livres pelas quais responde à sua vocação única e transcendente no concreto de seu aqui e agora, ela assume as orientações dadas pela sua natureza. Com efeito, a natureza põe as condições do exercício da liberdade e indica uma orientação para as opções de que a pessoa deve fazer. Perscrutando a inteligibilidade de sua natureza, ela descobre, assim, os caminhos de sua realização.

3.3. A natureza, o homem e Deus: da harmonia ao conflito

69. O conceito de lei natural supõe a ideia de que a natureza seja portadora para o homem de uma mensagem ética e constitua uma norma moral implícita, que a razão humana atualiza. A visão de mundo, a partir da qual a doutrina da lei natural se desenvolveu e encontra ainda hoje todo o seu sentido, implica, portanto, a convicção racional de que existe uma harmonia entre essas três instâncias: Deus, o homem e a natureza. Nessa perspectiva, o mundo é percebido como um todo inteligível, unificado pela comum referência dos seres, que o compõem, a um princípio divino fundador, a um *Logos*. Mais além do *Logos* impessoal e imanente descoberto pelo estoicismo e pressuposto pelas ciências modernas da natureza, o Cristianismo afirma que há o *Logos* pessoal, transcendente e criador. "Não são os elementos do cosmo, as leis da matéria que, definitivamente, governam o mundo e o homem, mas é um Deus pessoal que governa as estrelas, isto é, o universo; não são as leis da matéria e da evolução que são as instâncias últimas, mas a razão, a vontade, o amor – uma Pessoa."[69] O *Logos* divino pessoal – Sabedoria e Palavra de Deus – não é somente a Origem e o Modelo inteligível transcendente do universo, mas é também aquele que o mantém em uma unidade harmoniosa e o conduz ao seu fim.[70] Pelos dinamismos que o Verbo criador inscreveu no íntimo dos seres, ele os orienta para sua realização plena. Essa orientação dinâmica não é outra coisa do que o governo divino, que é realizar no tempo o plano da providência, isto é, da lei eterna.

70. Cada criatura participa, a seu modo, no *Logos*. O homem, porque ele define a si mesmo pela razão ou *logos*, dele participa de uma maneira eminente. Com efeito, por sua razão, ele é capaz de interiorizar livremente as intenções divinas manifestadas na natureza das coisas. Ele as formula por si mesmo sob a forma de uma lei moral, que inspira e orienta a sua própria ação. Em tal perspectiva, o homem não é o outro da natureza. Ao contrário, ele mantém com o cosmo um vínculo de familiaridade, fundado na comum participação do *Logos* divino.

---

[69] BENTO XVI, Encíclica *Spe salvi*, n. 5.
[70] Cf. ATANÁSIO DE ALEXANDRIA, *Traité contre les païens*, 42 (Sources chrétiennes, 18, p. 195): "Como um músico, que toca a lira, une com sua arte as notas graves com as notas agudas, as notas médias com as outras, para executar uma só melodia: assim a Sabedoria de Deus, o Verbo, segurando o universo como uma lira, une os seres do ar com os seres da terra; combina o todo com as partes; conduz tudo com seu mandamento e sua vontade; produz, assim, na beleza e na harmonia, um só mundo e uma só ordem do mundo".

71. Por diversas razões históricas e culturais, que se relacionam em particular com a evolução das ideias durante a Idade Média tardia, essa visão de mundo perdeu sua proeminência cultural. A natureza das coisas cessou de ser lei para o homem moderno. Ela não é mais uma referência para a ética. No plano metafísico, a substituição dos pensamentos da univocidade do ser pelo pensamento da analogia do ser e, depois, do nominalismo, solaparam os fundamentos da doutrina da criação como participação no *Logos*, que dava razão a certa unidade entre o homem e a natureza. O universo nominalista de Guilherme de Ockham se reduz, assim, a uma justaposição de realidades individuais sem profundidade, pois que todo o universo real, isto é, todo o princípio de comunhão entre os seres é denunciado como uma ilusão linguística. No plano antropológico, os desenvolvimentos do voluntarismo e a exaltação correlativa da subjetividade, definida pela liberdade de indiferença *vis--à-vis* de toda inclinação natural, criaram um abismo entre o sujeito humano e a natureza. Doravante, alguns estimam que a liberdade humana seja essencialmente o poder de não levar em conta o que o homem é por natureza. O sujeito, portanto, deverá renunciar a todo significado ao qual ele não decidiu pessoalmente e decidir por si mesmo o que é ser homem. Assim, é cada vez mais compreendido como um "animal desnaturado", um ser antinatural, que se afirma tanto melhor quanto mais se opõe à natureza. A cultura, própria do homem, é, então, definida não como uma humanização ou transfiguração da natureza pelo espírito, mas como uma negação pura e simples da natureza. O principal resultado dessas evoluções foi a ruptura do real em três esferas separadas, e, até mesmo, opostas: a natureza, a subjetividade humana e Deus.

72. Com o eclipse da metafísica do ser, só ela é capaz de fundar na razão a unidade diferenciada do espírito e da realidade material, e com o crescimento do voluntarismo, o reino do espírito foi radicalmente oposto ao reino da natureza. A natureza não é mais considerada como uma epifania do *Logos*, mas como "a outra" do espírito. Ela foi reduzida ao âmbito da corporeidade e da necessidade estrita, e de uma corporeidade sem profundidade, pois que o mundo dos corpos está identificado com a extensão, certamente regida por leis matemáticas inteligíveis, mas privada de qualquer teologia ou finalidade imanente. A física cartesiana e, depois, a física newtoniana difundiram essa imagem de uma maneira inerte, que obedece passivamente às leis do determinismo universal imposto pelo espírito divino e que a razão humana pode conhecer e dominar perfeitamente.[71] Só o homem pode infundir um sentido e um projeto nessa massa amorfa e insignificante, que ele manipula para os seus próprios fins, pela técnica. A natureza cessa de ser senhora da vida e da sabedoria para tornar-se o lugar onde se afirma o poder prometeico do homem. Essa visão parece dar valor à liberdade humana, mas, de fato, opondo liberdade e natureza, priva a liberdade humana de toda norma objetiva para sua conduta. Ela conduz à ideia de uma criação humana

---

[71] A *physis* dos antigos, realizando a existência de certo não-ser (a matéria), preservava a contingência das realidades terrestres e colocava uma resistência às pretensões da razão humana de impor ao conjunto da realidade uma ordem determinista puramente racional. Da mesma forma, deixava aberta a possibilidade de uma ação efetiva de liberdade humana no mundo.

totalmente arbitrária dos valores, e, até mesmo, ao niilismo puro e simples.

73. Nesse contexto, em que a natureza não encobre mais nenhuma racionalidade teológica imanente e parece ter perdido toda afinidade ou parentesco com o mundo do espírito, a passagem do conhecimento das estruturas do ser ao dever moral, que parece derivar dele, torna, efetivamente, impossível e cai sob a crítica do "sofismo ou paralogismo naturalista (*naturalistic fallacy*)", denunciado por David Hume e, depois, por George Edward Moore em seu *Principia Ethica* (1903). Com efeito, o bem é desvinculado do ser e do verdadeiro. A ética é separada da metafísica.

74. A evolução da compreensão da relação do homem com a natureza se traduz, também, pelo ressurgimento de um dualismo antropológico radical, que opõe espírito e corpo, pois o corpo é, de alguma forma, a "natureza" em cada um de nós.[72] Esse dualismo se manifesta na negação de reconhecer qualquer significado humano e ético para as inclinações naturais que procedem das escolhas da razão individual. O corpo, realidade considerada estranha à subjetividade,

---

[72] Cf. JOÃO PAULO II, *Carta às famílias*, n. 19: "O filósofo que formulou o princípio *cogito, ergo sum* (penso, logo existo), acabou por imprimir à concepção moderna do homem o caráter dualista que a caracteriza. É típico do racionalismo contrapor radicalmente, no homem, o espírito ao corpo e o corpo ao espírito. O homem, ao contrário, é pessoa na unidade do corpo e do espírito. O corpo nunca pode ser reduzido à pura matéria: é um corpo 'espiritualizado', assim como o espírito está tão profundamente unido ao corpo que se pode qualificar como um espírito 'corporizado'".

torna-se um puro "ter", um objeto manipulado pela técnica em função dos interesses da subjetividade individual.[73]

75. Além disso, em razão da emergência de uma concepção metafísica na qual a ação humana e a ação divina entram em concorrência, porque são concebidas de modo unívoco e, sem razão, postas no mesmo plano, a afirmação, legítima, da autonomia do sujeito humano implica que Deus seja expulso da esfera da subjetividade humana. Toda referência a uma normatividade vinda de Deus ou da natureza como expressão da sabedoria de Deus, isto é, toda "heteronomia", é percebida como uma ameaça para a autonomia do sujeito. A noção de lei natural aparece, então, como incompatível com a autêntica dignidade do sujeito.

---

[73] A ideologia do *gender*, que nega todo significado antropológico e moral à diferença natural dos sexos, se insere nesta perspectiva dualista. Cf. CONGREGAÇÃO PARA A DOUTRINA DA FÉ, *Carta aos Bispos da Igreja Católica sobre a colaboração do homem e da mulher na Igreja e no mundo, n. 2*: "Para evitar qualquer supremacia de um ou de outro sexo, tende-se a eliminar as suas diferenças, considerando-as simples efeitos de um condicionamento histórico-cultural. Nesse nivelamento, a diferença corpórea, chamada *sexo*, é minimizada, ao passo que a dimensão estritamente cultural, chamada *gênero*, é sublinhada ao máximo e considerada primária. [...] A raiz imediata da sobredita tendência coloca-se no contexto da questão da mulher, mas a sua motivação mais profunda deve procurar-se na tentativa da pessoa humana de libertar-se dos próprios condicionamentos biológicos. De acordo com tal perspectiva antropológica, a natureza humana não teria em si mesma características que se imporiam de forma absoluta: cada pessoa poderia e deveria modelar-se a seu gosto, uma vez que estaria livre de toda a predeterminação ligada à sua constituição essencial".

3.4. Caminhos para uma reconciliação

76. Para devolver todo o seu sentido e toda a sua força à noção de lei natural como fundamento de uma ética universal, é necessário promover um olhar de sabedoria, de ordem propriamente metafísica, capaz de abraçar simultaneamente Deus, o cosmo e a pessoa humana, para reconciliá-los na unidade analógica do ser, graças à ideia da criação como participação.

77. Antes de tudo, é essencial desenvolver uma compreensão não concorrente da articulação entre a causalidade divina e a atividade livre do sujeito humano. O sujeito humano realiza a si mesmo inserindo-se livremente na ação providente de Deus e não se opondo a ela. A ele compete descobrir por sua razão e, depois, assumir e conduzir livremente a sua realização os dinamismos profundos, que definem sua natureza. Com efeito, a natureza humana se define, acima de tudo, como um conjunto de dinamismos, de tendências, de orientações a partir das quais surge a liberdade. De fato, a liberdade supõe que a vontade humana seja "posta sob tensão" pelo desejo natural do bem e do fim último. O livre-arbítrio se exerce, então, na escolha dos objetos finitos que permitem atingir tal fim. Pela relação com esses bens, que exercem sobre ele uma atração que não é determinante, a pessoa mantém o senhorio de suas escolhas em razão de sua abertura inata ao Bem absoluto. A liberdade não é um absoluto autocriador de si mesmo, mas uma propriedade eminente de todo sujeito humano.

78. Uma filosofia da natureza, que adquira profundidade inteligível do mundo sensível, e, sobretudo, uma metafísica da criação permitem, pois, superar a tentação dualista e gnóstica de abandonar a natureza à insignificância moral. Desse ponto de vista, importa ultrapassar o olhar redutor que a cultura técnica dominante leva a ter sobre a natureza, a fim de redescobrir a mensagem moral na qual ela é portadora como obra do *Logos*.

79. Todavia, a reabilitação da natureza e da corporeidade na ética não poderá equivaler a qualquer "fisicismo". Com efeito, certas apresentações modernas da lei natural desconhecem gravemente a necessária integração das inclinações naturais na unidade da pessoa. Negligenciando considerar a unidade da pessoa humana, elas absolutizam as inclinações naturais de diversas "partes" da natureza humana, justapondo-as sem as hierarquizar e omitindo integrá-las na unidade do projeto pessoal global do sujeito. Ora, explica João Paulo II, "as inclinações naturais não assumem uma qualidade moral enquanto não se reportam à pessoa humana e a sua realização autêntica".[74] Hoje, portanto, é necessário levar em conta duas coisas simultaneamente. De uma parte, o sujeito humano não é um conjunto ou uma justaposição de inclinações naturais diversas e autônomas, mas um todo substancial e pessoal com a vocação de responder ao amor de Deus e a se unificar mediante a orientação consciente para um fim último, que hierarquiza os bens parciais, manifestados pelas diversas tendências naturais. Essa unificação das inclinações naturais em função dos fins superiores do espírito, isto é, tal humanização dos dinamismos inscritos

---

[74] JOÃO PAULO II, Encíclica *Veritatis splendor*, n. 50.

na natureza humana, não representa, de maneira alguma, uma violação que lhe seria feita. Ao contrário, ela é a realização de uma promessa já inscrita neles.[75] Por exemplo, o alto valor espiritual que manifesta o dom de si no amor mútuo dos esposos já está inscrito na natureza mesma do corpo sexuado, que encontra sua razão última de ser nessa realização espiritual. De outra parte, nesse todo orgânico, cada parte mantém um significado próprio e irredutível, que a razão deve levar em consideração na elaboração de um projeto global da pessoa. A doutrina da lei moral natural deve, portanto, afirmar, ao mesmo tempo, o papel central da razão na realização de um projeto de vida propriamente humano e, também, a consistência e o significado próprio dos dinamismos naturais pré-racionais.[76]

---

[75] O dever de humanizar a natureza no homem é inseparável do dever de humanizar a natureza exterior. Isto justifica moralmente o imenso esforço feito pelas pessoas para se emancipar dos constrangimentos da natureza física, na medida em que eles entravam o desenvolvimento dos valores propriamente humanos. A luta contra as doenças, a prevenção dos fenômenos naturais hostis, a melhoria das condições de vida são de *per si* obras que testemunham a grandeza do ser humano, chamado a encher a terra e a submetê-la (cf. Gn 1,28). Cf. CONCÍLIO VATICANO II, Constituição pastoral *Gaudium et spes*, n. 57.

[76] Reagindo ao perigo do fisicismo e, com razão, insistindo sobre o papel decisivo da razão para a elaboração da lei natural, certas teorias contemporâneas da lei natural negligenciam, antes, recusam, o significado moral dos dinamismos naturais pré-racionais. A lei natural só será afirmada "natural" se em referência à razão, que definirá o todo da natureza do homem. Obedecer à lei natural se reduziria, portanto, a agir de um modo razoável, isto é, aplicar ao conjunto dos comportamentos um ideal unívoco de racionalidade gerado só pela razão prática. Isto significa identificar sem razão a racionalidade da lei natural com a mera racionalidade da razão humana, sem levar em conta a racionalidade imanente da natureza.

80. O significado moral dos dinamismos naturais pré-racionais aparece em plena luz no ensinamento sobre os pecados contra a natureza. Certamente, todo pecado é contra a natureza, uma vez que se opõe à reta razão e entrava o desenvolvimento autêntico da pessoa humana. Todavia, alguns comportamentos são qualificados de uma maneira especial de pecados contra a natureza, na medida em que eles contradizem mais diretamente o sentido objetivo dos dinamismos naturais que a pessoa deve assumir na unidade de sua vida moral.[77] Assim, o suicídio deliberado e querido vai contra a inclinação natural de conservar e de fazer frutificar sua existência. Bem como algumas práticas sexuais se opõem diretamente às finalidades reprodutivas inscritas no corpo sexuado do homem. Por isso mesmo, contradizem também os valores interpessoais que devem promover uma vida sexual responsável e plenamente humana.

81. O risco de absolutizar a natureza, reduzida a puro componente físico ou biológico, e de negligenciar a sua vocação intrínseca de ser integrado em um projeto espiritual, ameaça, hoje, algumas tendências radicais do movimento ecológico. A exploração irresponsável da natureza por agentes humanos, que buscam apenas o proveito econômico, e os perigos que traz para a biosfera, com razão interpela as consciências. Todavia, a "ecologia profunda" (*deep ecology*) representa uma reação excessiva. Ela ensina

---

[77] Cf. TOMÁS DE AQUINO, *Summa theologiae*, IIa-IIae, q. 154, a. 11. A avaliação moral dos pecados contra a natureza deve levar em conta não somente sua gravidade objetiva, mas também as disposições subjetivas, muitas vezes atenuantes, daqueles que os cometem.

uma suposta igualdade entre as espécies vivas a ponto de não mais reconhecer nenhum papel particular ao homem, o que, paradoxalmente, solapa a sua responsabilidade para com a biosfera da qual participa. De modo ainda mais radical, alguns chegam a considerar o homem como um vírus destruidor, que atenta contra a integridade da natureza, negando-lhe qualquer significado e qualquer valor na biosfera. Chega-se, então, a uma nova espécie de totalitarismo, que exclui a especificidade da existência humana e condena o progresso humano legítimo.

82. Não se pode obter resposta adequada às questões complexas da ecologia, a não ser em um quadro de compreensão mais profunda da lei natural, que dê valor ao vínculo entre o indivíduo, a sociedade, a cultura e o equilíbrio da esfera biofísica, na qual se encarna a pessoa humana. Uma ecologia integral deve promover o que é especificamente humano, valorizando totalmente o mundo da natureza em sua integridade física e biológica. Com efeito, mesmo se o homem, como ser moral que busca a verdade e os bem últimos, transcende seu ambiente imediato, o faz aceitando a missão específica de velar sobre o mundo natural e de viver em harmonia com ele, de defender seus valores vitais sem os quais nem a vida humana nem a biosfera deste planeta podem manter-se.[78] Essa ecologia integral interpela cada um e cada comunidade em vista de uma nova responsabilidade. Ela é inseparável de uma orientação política global respeitosa das exigências da lei natural.

---

[78] Cf. Gn 2,15.

CAPÍTULO 4
A LEI NATURAL E A SOCIEDADE

4.1. A pessoa e o bem comum

83. Ao abordar a ordem política da sociedade, nós entramos em um espaço regido pelo direito. De fato, o direito aparece quando as pessoas estabelecem relações. A passagem da pessoa à sociedade ilumina a distinção essencial entre lei natural e direito natural.

84. A pessoa está no centro da ordem política e social, porque ela é um fim e não um meio. É um ser social por natureza, não por escolha ou em virtude de mera convenção contratual. Para se realizar como pessoa, tem necessidade do tecido de relações que estabelece com os outros. Ela se encontra, assim, no centro de uma teia formada por círculos concêntricos: a família, o ambiente de vida e de trabalho, a comunidade de vizinhos, a nação e, enfim, a humanidade.[79] Atinge os elementos necessários ao seu crescimento em cada um desses círculos, ao mesmo tempo em que contribui para seu aperfeiçoamento.

---

[79] Cf. CONCÍLIO VATICANO II, Constituição pastoral *Gaudium et spes*, n. 73-74. O *Catecismo da Igreja Católica*, n. 1882, precisa que "certas sociedades, como a família e a cidade, correspondem mais imediatamente à natureza do homem".

85. Devido ao fato de que os homens têm vocação para viver em sociedade com os outros, eles possuem em comum um conjunto de bens a buscar e valores a defender. É a isso que se chama "bem comum". Se a pessoa é um fim em si mesma, a sociedade tem por finalidade promover, consolidar e desenvolver seu bem comum. A busca do bem comum permite à sociedade mobilizar as energias de todos os seus membros. Em um primeiro nível, o bem comum pode ser compreendido como o conjunto de condições que permitem à pessoa ser sempre mais pessoa humana.[80] Mesmo se articulando em seus aspectos exteriores – economia, segurança, justiça social, educação, acesso ao trabalho, busca espiritual e outros –, o bem comum é sempre um bem humano.[81] Em um segundo nível, o bem comum é tudo o que finaliza a ordem política e a própria sociedade. Bem de todos e de cada um em particular, exprime a dimensão comunitária do bem humano. As sociedades podem se definir pelo tipo de bem comum que elas entendem promover. De fato, se está de acordo com as exigências essenciais do bem comum de toda a sociedade, a visão do bem comum evolui com as próprias sociedades, em função dos conceitos de pessoa, de justiça e do papel do poder público.

---

[80] Cf. JOÃO XXIII, Encíclica *Mater et Magistra*, n. 65; CONCÍLIO VATICANO II, Constituição pastoral *Gaudium et spes*, n. 26, § 1; Declaração *Dignitatis humanae*, n. 6.

[81] Cf. JOÃO XXIII, Encíclica *Pacem in terris*, n. 55.

4.2. A lei natural, medida da ordem política

86. A sociedade organizada em vista do bem comum de seus membros responde a uma exigência da natureza social da pessoa. A lei natural aparece, então, como horizonte normativo na qual a ordem política é chamada a se mover. Ela define o conjunto de valores que aparecem como humanizadores para uma sociedade. Desde que situados no campo social e político, os valores não podem mais ser de natureza privada, ideológica ou confessional: dizem respeito a todos os cidadãos. Exprimem não um consenso vago entre si, mas se fundamentam sobre as exigências de sua comum humanidade. Para que a sociedade cumpra corretamente sua missão de serviço à pessoa, deve promover a realização de suas inclinações naturais. A pessoa é, portanto, anterior à sociedade e a sociedade é humanizadora somente quando responde às expectativas inscritas na pessoa enquanto ser social.

87. Essa ordem natural da sociedade a serviço da pessoa é assinalada, segundo a doutrina social da Igreja, por quatro valores que decorrem das inclinações naturais do homem, e que desenham os contornos do bem comum que a sociedade deve perseguir, a saber, a liberdade, a verdade, a justiça e a solidariedade.[82] Estes quatro valores correspondem às exigências de uma ordem ética conforme a lei natural. Se uma delas vem a fazer falta, a sociedade tende para a anarquia ou para o reino do mais forte. A liberdade é

---

[82] Cf. JOÃO XXIII, Encíclica *Pacem in terris*, n. 37; PONTIFÍCIO CONSELHO JUSTIÇA E PAZ, *Compêndio da Doutrina Social da Igreja*, n. 192-203.

a primeira condição para uma ordem política humanamente aceitável. Sem a liberdade de seguir a própria consciência, de exprimir as próprias opiniões e de perseguir os próprios projetos, não há sociedade humana, mesmo se a busca dos bens privados deva sempre se articular com a promoção do bem comum da sociedade. Sem a busca e respeito pela verdade, não há sociedade, mas sim a ditadura do mais forte. Só a verdade, que não é propriedade da pessoa, é capaz de fazer os homens convergirem em direção de objetivos comuns. Se não é a verdade que se impõe por si mesma, é o mais hábil que impõe "sua" verdade. Sem justiça não há sociedade, mas o reino da violência. A justiça é o bem maior que a sociedade pode procurar. Ela supõe que o que é justo seja sempre buscado, e que o direito seja aplicado dando atenção ao caso particular, porque a equidade é o cume da verdade. Enfim, é necessário que a sociedade seja administrada de maneira solidária, de tal sorte que se assegurem a ajuda mútua e a responsabilidade pela sorte dos outros, e que os bens de que a sociedade dispõe possam responder às necessidades de todos.

4.3. Da lei natural ao direito natural

88. A lei natural (*lex naturalis*) se exprime em direito natural (*jus naturale*), quando se consideram as relações de justiça entre os homens: relações entre as pessoas físicas e morais, entre as pessoas e o poder público, relações de todos com a lei positiva. Passa-se da categoria antropológica da lei natural à categoria jurídica e política da organização da sociedade. O direito natural é a medida inerente do acordo entre os membros da sociedade. Ele é a regra e a medida imanente das relações humanas interpessoais e sociais.

89. O direito não é arbitrário: a exigência de justiça, que deriva da lei natural, é anterior à formulação e à edição do direito. Não é o direito que decide o que é justo. Também a política não é arbitrária: as normas da justiça não resultam somente de um contrato estabelecido entre os homens, mas elas provêm antes de tudo da própria natureza dos seres humanos. O direito natural é a ancoragem das leis humanas na lei natural. Ele é o horizonte em função do qual o legislador deve se guiar quando emana normas na sua missão de servir ao bem comum. Nesse sentido, ele honra a lei natural, inerente à humanidade do homem. Ao contrário, quando o direito natural é negado, somente há a vontade do legislador que faz a lei. Ele não é mais, então, o intérprete do que é justo e bom, mas se arroga a prerrogativa de ser critério último do que é merecido.

90. Jamais o direito natural é uma medida fixada uma vez por todas. É o resultado de uma avaliação das situações mutáveis em que vivem os homens. Ele enuncia o juízo da razão prática, que estima aquilo que é legítimo. O direito natural, expressão jurídica da lei natural na ordem política, aparece, assim, como a medida das relações justas entre os membros da comunidade.

4.4. Direito natural e direito positivo

91. O direito positivo deve se esforçar por realizar as exigências do direito natural, seja em forma de conclusão (o direito natural impede o homicídio, o direito positivo proíbe o aborto), seja em forma de determinação (o direito natural prescreve punir os culpados, o direito penal positivo determina as penas a serem aplicadas a cada categoria de crimes).[83] Enquanto derivam verdadeiramente do direito natural e, portanto, da lei eterna, as leis humanas positivas obrigam à consciência. Caso contrário, elas não obrigam. "Se a lei não é justa, ela não é propriamente uma lei."[84] As leis positivas podem e, até mesmo, devem mudar para permanecer fiéis a sua vocação. De fato, de uma parte, há um progresso da razão humana que, pouco a pouco, toma melhor consciência do que é mais adaptado ao bem da comunidade, e, de outra parte, as condições históricas da vida das sociedades se modificam (para o bem ou para o mal) e as leis devem se

---

[83] Cf. TOMÁS DE AQUINO, *Summa theologiae*, Ia-IIae, q. 95, a. 2.

[84] AGOSTINHO, *De libero arbitrio*, I, v, 11 (*Corpus christianorum*, series latina, 29, p. 217): "Nam lex mihi esse non videtur, quae iusta non fuerit"; TOMÁS DE AQUINO, *Summa theologiae*, Ia-IIae, q. 93, a. 3, ad 2: "A lei humana tem natureza de lei, na medida em que é conforme a reta razão; e assim é manifesto que deriva da lei eterna. Mas, à medida que se afasta da razão, é considerada lei iníqua, e, então, não tem natureza de lei, mas, antes, de violência" (tradução de Alexandre Corrêa, in op. cit., p. 1752) (Lex humana intantum habet rationem legis, inquantum est secundum rationem rectam, et secundum hoc manifestum est quod a lege aeterna derivatur. Inquantum vero a ratione recedit, sic dicitur lex iniqua, et sic non habet rationem legis, sed magis violentiae cuiusdam.); Ia-IIae, q. 95, a. 2: "Toda lei estabelecida pelo homem tem natureza de lei na medida em que deriva da lei da natureza. Se, pois, discordar em alguma coisa da lei natural, já não será lei, mas corrupção dela" (tradução de Alexandre Corrêa, in op. cit., p. 1769). (Unde omnis lex humanitus posita intantum habet de ratione legis, inquantum a lege naturae derivatur. Si vero in aliquo a lege naturali discordet, iam non erit lex sed legis corruptio.)

adaptar.[85] Assim, o legislador deve determinar o que é justo na concretude das situações históricas.[86]

92. Os direitos naturais são a medida das relações humanas anteriores à vontade do legislador. Eles são dados desde que os homens vivem em sociedade. O direito natural é aquilo que é originalmente justo antes de toda formulação legal. Ele se exprime em particular nos direitos subjetivos da pessoa, como o respeito a sua vida e a sua integridade, a liberdade religiosa e de pensamento, o direito de constituir uma família e de educar os filhos segundo suas convicções, o direito de se associar com os outros, de participar na vida de uma coletividade... Esses direitos, aos quais o pensamento contemporâneo atribui grande importância, têm sua fonte não nos desejos volúveis dos indivíduos, mas na própria estrutura dos seres humanos e de suas relações humanizadoras. Os direitos da pessoa humana emergem, portanto, da ordem justa que deve reinar nas relações entre os homens. Reconhecer esses direitos naturais do homem

---

[85] Cf. TOMÁS DE AQUINO, *Summa theologiae*, Ia-IIae, q. 97, a. 1.
[86] Para santo Agostinho, o legislador deve, para fazer boa obra, consultar a lei eterna; cf. AGOSTINHO, *De vera religione*, XXXI, 58 (*Corpus christianorum*, series latina, 32, p. 225): "O legislador temporal, se é sábio e homem de bem, consulta a lei eterna, a que não é permitido a nenhuma alma julgar, a fim de que, segundo suas normas imutáveis, possa discernir o que convém ordenar ou defender para o momento" (Conditor tamen legum temporalium, si vir bonus est et sapiens, illam ipsam consulit aeternam, de qua nulli animae iudicare datum est; ut secundum eius incommutabiles regulas, quid sit pro tempore iubendum vetandumque discernat.) Em uma sociedade secularizada, onde todos não reconhecem o sinal desta lei eterna, é a busca, a defesa e a expressão do direito natural, mediante a lei positiva, que garantem a sua legitimidade.

significa identificar a ordem objetiva das relações humanas fundadas sobre a lei natural.

4.5. A ordem política não é a ordem escatológica

93. Na história das sociedades humanas, a ordem política foi entendida, muitas vezes, como o reflexo de uma ordem transcendente e divina. Assim, as antigas cosmologias fundamentavam e justificavam teologias políticas nas quais o soberano assegurava o elo entre o cosmo e o universo humano. Tratava-se de fazer entrar o universo dos homens na harmonia preestabelecida do mundo. Com o surgimento do monoteísmo bíblico, o universo é concebido como obediência às leis dadas pelo Criador. A ordem da sociedade é alcançada quando as leis de Deus, inscritas nos corações, são respeitadas. Por muito tempo, as formas de teocracia puderam prevalecer nas sociedades que se organizaram segundo os princípios e os valores extraídos de seus livros sagrados. Não havia distinção entre a esfera da revelação religiosa e a esfera da organização da sociedade. Mas a Bíblia dessacralizou o poder humano, mesmo se diversos séculos de osmose teocrática, também em ambiente cristão, obscureceram essa distinção essencial entre ordem política e ordem religiosa. A propósito, é conveniente distinguir bem a situação da primeira aliança, em que a lei divina dada por Deus era, também, a lei do povo de Israel, e a da nova aliança, que é portadora da distinção e da autonomia relativa das ordens religiosa e política.

94. A revelação bíblica convida a humanidade a considerar que a ordem da criação é uma ordem universal, da qual participa toda a humanidade, e que tal ordem é acessível à razão. Quando falamos de lei natural, trata-se dessa ordem querida por Deus e alcançada pela razão humana. A Bíblia coloca a distinção entre essa ordem da criação e a ordem da graça, à qual a fé em Cristo dá acesso. Ora, a ordem da sociedade não é essa ordem definitiva ou escatológica. O âmbito da política não é o da Cidade celeste, dom gratuito de Deus. Ele revela a ordem imperfeita e transitória na qual vivem os homens, mesmo todos caminhando para o seu aperfeiçoamento no além da história. O específico da Cidade terrestre, segundo santo Agostinho, é de ser mesclada: os justos e injustos, os crentes e ateus estão lado a lado.[87] Eles devem temporariamente viver juntos, segundo as exigências de sua natureza e as capacidades de sua razão.

95. O Estado não pode, portanto, se atribuir a posse do sentido último. Ele não pode impor uma ideologia global, nem uma religião (mesmo secular), nem um pensamento único. O âmbito do sentido último, na sociedade civil, é tarefa das organizações religiosas, das filosofias e das espiritualidades, a quem cabe contribuir com o bem comum, reforçar o vínculo social e promover os valores universais que fundamentam a própria ordem política. A ordem política não tem vocação para transportar para a terra o Reino de Deus, que virá. Ele pode participar com seus progressos no campo da justiça, da solidariedade e da paz. Não pode querer instaurá-lo com a obrigação.

---

[87] Cf. AGOSTINHO, *De Civitate Dei*, I, 35 (*Corpus christianorum*, series latina, 47, pp. 34-35).

4.6. A ordem política é uma ordem temporal e racional

96. Se a ordem política não está no campo da verdade última, ela deve, no entanto, ficar aberta à busca permanente de Deus, da verdade e da justiça. A "legítima e sã laicidade do Estado"[88] consiste na distinção entre a ordem sobrenatural da fé teologal e a ordem política. Esta última não pode jamais se confundir com a ordem da graça à qual os homens são chamados a aderir livremente. Está ligada, antes, à ética humana universal inscrita na natureza humana. A sociedade deve, assim, procurar, para as pessoas que a compõem, aquilo que é necessário à plena realização de sua vida humana, o que inclui certos valores espirituais e religiosos, assim como a liberdade para seus cidadãos de se determinar em face do Absoluto e dos bens supremos. Mas a sociedade, na qual o bem comum é de natureza temporal, não pode promover os bens propriamente sobrenaturais, que são de outra ordem.

97. Se Deus e toda transcendência devem ser banidos do horizonte do político, não restaria senão o poder do homem sobre o homem. De fato, a ordem política, por vezes, se apresentou como o último horizonte de sentido para a humanidade. As ideologias e os regimes totalitários demonstraram que tal ordem política, sem um horizonte de transcendência, não é humanamente aceitável. Essa transcendência está ligada ao que nós denominamos de lei natural.

---

[88] Cf. PIO XII, Discurso de 23 de março de 1958 (*AAS* 25 [1948], p. 220).

98. As osmoses político-religiosas do passado, como as experiências do século XX, conduziram, graças a uma sã reação, a reavaliar, hoje, o papel da razão na política, conferindo, assim, uma nova pertinência aos discursos aristotélico-tomistas sobre a lei natural. A política, isto é, a organização da sociedade e a elaboração de seus projetos coletivos depende da ordem natural e deve fazer acontecer um debate racional aberto à transcendência.

99. A lei natural, que está na base da ordem social e política, não exige uma adesão de fé, mas da razão. Certamente, a própria razão é, muitas vezes, obscurecida pelas paixões, pelos interesses contraditórios, pelos preconceitos. Mas a referência constante à lei natural conduz a uma contínua purificação da razão. Somente assim a ordem política evita a cilada da arbitrariedade, dos interesses particulares, da mentira organizada, da manipulação dos espíritos. A referência à lei natural detém o Estado de ceder à tentação de absorver a sociedade civil e de submeter as pessoas a uma ideologia. Ela evita, assim, de desenvolver um Estado providente, que priva os indivíduos e as comunidades de qualquer iniciativa e os torna sem responsabilidade. A lei natural contém a ideia do Estado de direito, que se estrutura segundo o princípio de subsidiariedade, respeitando as pessoas e os corpos intermediários e regulando suas interações.[89]

100. Os grandes mitos políticos só foram desmascarados com a introdução da regra da racionalidade e a con-

---

[89] Cf. PIO XI, Encíclica *Quadragesimo anno*, n. 79-80.

sideração da transcendência do Deus de amor, que proíbe de adorar a ordem política instaurada na terra. O Deus da Bíblia quis a ordem da criação, a fim de que todos os homens, conformando-se à lei que lhes é inerente, pudessem procurá-lo livremente e, tendo-o encontrado, projetassem sobre o mundo a luz da graça, que é a sua realização.

CAPÍTULO 5

JESUS CRISTO, REALIZAÇÃO DA LEI NATURAL

101. A graça não destrói a natureza, mas a cura, conforta-a e leva-a à sua plena realização. Por consequência, mesmo se a lei natural é uma expressão da razão comum a todos os homens e pode ser apresentada de modo coerente e veraz no plano filosófico, ela não é estranha à ordem da graça. As suas exigências estão presentes e atuantes nas diferentes fases teológicas, que perpassam uma humanidade empenhada na história da salvação.

102. O desígnio de salvação, do qual o Pai eterno tem a iniciativa, se realiza pela missão do Filho, que dá aos homens a nova Lei, a Lei do Evangelho, que consiste principalmente na graça do Espírito Santo, operante no coração dos crentes para santificá-los. A nova Lei visa, antes de tudo, levar os homens à participação na comunhão trinitária das pessoas divinas, mas, ao mesmo tempo, assume e realiza de modo iminente a lei natural. De uma parte, ela torna a chamar claramente as exigências que podem estar obscurecidas pelo pecado e pela ignorância. De outra parte, libertando da lei do pecado, que faz "querer o bem que está ao meu alcance, não, porém, o praticá-lo" (Rm 7,18), dá aos homens a efetiva capacidade de superar seu egoísmo para pôr plenamente em prática as exigências humanizadoras da lei natural.

5.1. O Logos encarnado, Lei viva

103. Graças à luz natural de sua razão, que é uma participação na Luz divina, os homens são capazes de perscrutar a ordem inteligível do universo para descobrir a expressão da sabedoria, da beleza e da bondade do Criador. A partir desse conhecimento, eles podem se inserir nessa ordem pelo seu agir moral. Ora, em virtude de um olhar mais profundo sobre o desígnio de Deus, cujo ato criador é o prelúdio, a Escritura ensina aos fiéis que este mundo foi criado no, para e pelo *Logos*, o Verbo de Deus, o Filho bem-amado do Pai, a Sabedoria incriada, e que ele tem nele a sua vida e a sua subsistência. Com efeito, o Filho é "a imagem do Deus invisível, o Primogênito de toda criatura, porque nele (*en auto*) foram criadas todas as coisas, nos céus e na terra, as visíveis e as invisíveis [...]; tudo foi criado por ele (*di'autou*) e para ele (*eis auton*). Ele é antes de tudo e tudo subsiste nele (*en auto*)" (Cl 1,15-17).[90] O *Logos* é, portanto, a chave da criação. O homem, criado à imagem de Deus, traz em si um sinal todo especial desse *Logos* pessoal. Assim, ele tem vocação a estar conformado e assimilado ao Filho, "primogênito entre muitos irmãos" (Rm 8,29).

104. Mas, por causa do pecado, o homem fez mau uso de sua liberdade e se afastou da fonte da sabedoria. Assim fazendo, ele deturpou o conhecimento que poderia ter tido

---

[90] Cf. também Jo 1,3-4; 1Cor 8,6; Hb 1,2-3.

da ordem objetiva das coisas, mesmo no plano natural. Os homens, sabendo que suas obras são más, odiaram a luz e elaboraram teorias falsas para justificar seus pecados.[91] Assim, a imagem de Deus no homem está gravemente obscurecida. Mesmo se a sua natureza ainda os impele a uma realização em Deus, fora de si mesmos (a criatura não pode, nesse ponto, se perverter de tal forma a não mais perceber os testemunhos que o Criador dá de si mesmo na criação), os homens estão, de fato, atingidos gravemente pelo pecado a ponto de não reconhecerem o sentido profundo do mundo e interpretarem-no em termos de prazer, de dinheiro ou de poder.

105. Com sua encarnação salvífica, o *Logos*, assumindo uma natureza humana, restaurou a imagem de Deus e restituiu o homem a si mesmo. Assim, Jesus Cristo, o novo Adão, conduz o desígnio original do Pai sobre o homem a sua perfeição e, por esse mesmo fato, revela o homem a ele próprio: "Na realidade, o mistério do homem só se torna claro verdadeiramente no mistério do Verbo encarnado. Com efeito, Adão, o primeiro homem, era a figura daquele que haveria de vir, isto é, de Cristo Senhor. Novo Adão, na mesma revelação do mistério do Pai e de seu amor, Cristo manifesta plenamente o homem ao próprio homem e lhe descobre a sua altíssima vocação. [...] 'Imagem do Deus invisível' (Cl 1,15), ele é o homem perfeito, que restituiu aos filhos de Adão a semelhança divina, deformada desde o primeiro pecado. Como a natureza humana foi nele assumida, não aniquilada, por isso mesmo também foi em nós elevada

---

[91] Cf. Jo 3,19-20; Rm 1,24-25.

a uma dignidade sublime".[92] Em sua pessoa, Jesus Cristo mostra, portanto, uma vida humana exemplar, plenamente conforme à lei natural. Ele é, assim, o critério último para decifrar corretamente quais são os desejos naturais autênticos do homem, quando não estão ocultos pelas distorções introduzidas pelo pecado e pelas paixões desordenadas.

106. A encarnação do Filho foi preparada pela economia da Lei antiga, sinal do amor de Deus pelo seu povo de Israel. Para alguns Padres, uma das razões pela qual Deus deu uma lei escrita para Moisés foi a de recordar aos homens as exigências da lei naturalmente escritas em seu coração, mas parcialmente obscurecidas e apagadas pelo pecado.[93] Esta Lei, na qual o judaísmo identifica a Sabedoria

---

[92] CONCÍLIO VATICANO II, Constituição pastoral *Gaudium et spes*, n. 22. Cf. IRINEU DE LIÃO, *Contre les hérésies*, V, 16, 2 (Sources chrétiennes, 153, pp. 216-217): "Nos tempos anteriores, afirmava-se com razão que o homem foi feito à imagem de Deus, mas isto não aparecia, porque o Verbo estava ainda invisível, de cuja imagem o homem foi feito: por outro lado, é por este motivo que a semelhança foi facilmente perdida. Mas quando o Verbo de Deus se fez carne, confirmou um e outro: ele fez aparecer a imagem em toda a sua verdade, tornado-se ele mesmo o que era a sua imagem, e restabeleceu a semelhança de modo estável, tornando o homem inteiramente semelhante ao Pai invisível por meio do Verbo doravante visível".

[93] Cf. AGOSTINHO, *Enarrationes in Psalmos*, LVII, 1 (*Corpus christianorum*, series latina, 39, p. 708): "Pela mão do Criador, a Verdade escreveu, no fundo de nossos corações, estas palavras: 'Não faças aos outros o que não queres que te façam'. Ninguém podia ignorar este princípio, mesmo antes que fosse dada a lei, porque ele devia servir para julgar aqueles mesmos a quem a lei não tinha sido dada. Mas, a fim de impedir os homens de se lastimar e de dizer que lhes havia faltado alguma coisa, se escreveu, assim, nas mesas aquilo que eles não liam em seus corações. Não é que eles não possuíssem como escrito, mas não queriam ler. Assim, põe-se ante seus olhos o que eles seriam obrigados a perceber em suas consciências: a voz que Deus fez ouvir de fora força o homem a entrar nele mesmo" (Quandoquidem manu forma-

preexistente, que preside os destinos do universo,[94] coloca, assim, ao alcance dos homens, marcados pelo pecado, a prática concreta da verdadeira sabedoria, que consiste no amor a Deus e ao próximo. Ela contém preceitos litúrgicos e jurídicos positivos, mas também preceitos morais, resumidos no Decálogo, que correspondem às implicações essenciais da lei natural. Assim, a tradição cristã viu no Decálogo uma expressão privilegiada e sempre válida da lei natural.[95]

107. Jesus Cristo não veio "para abolir, mas aperfeiçoar" a Lei (Mt 5,17).[96] Como realçam os textos evangélicos, Jesus "ensinava como quem tem autoridade e não como os escribas" (Mc 1,22), e ele não hesitava em relativizar, até mesmo abolir, algumas disposições positivas particulares

---

toris nostri in ipsis cordibus nostris veritas scripsit: 'Quod tibi non vis fieri, ne facias alteri'. Hoc et antequam lex daretur nemo ignorare permissus est, ut esset unde iudicarentur et quibus lex non esset data. Sed ne sibi homines aliquid defuisse quaererentur, scriptum est et in tabulis quod in cordibus non legebant. Non enim scriptum non habebant, sed legere nolebant. Oppositum est oculis eorum quod in conscientia videre cogerentur; et quasi forinsecus admota voce Dei, ad interiora sua homo compulsus est). Cf. TOMÁS DE AQUINO, *In III Sent.*, d. 37, q. 1, a. 1: "Necessarium fuit ea quae naturalis ratio dictat, quae dicuntur ad legem naturae pertinere, populo in praeceptum dari, et in scriptum redigi [...] quia per contrariam consuetudinem, qua multi in peccato praecipitabantur, jam apud multos ratio naturalis, in qua scripta erant, obtenebrata erat"; *Summa theologiae*, Ia-IIae, q. 98, a. 6.

[94] Cf. Eclo 24,23 (Vulgata: 24,32-33).
[95] Cf. TOMÁS DE AQUINO, *Summa theologiae*, Ia-IIae, q. 100.
[96] A liturgia bizantina de são João Crisóstomo exprime bem a convicção cristã, quando põe na boca do sacerdote, que abençoa o diácono, na ação de graças após a comunhão: "Cristo, nosso Deus, que sois o cumprimento da Lei e dos Profetas, e que cumpristes toda a missão recebida do Pai, enche nossos corações de alegria e de exultação, em todos os tempos, agora e para sempre, e nos séculos dos séculos. Amém".

e transitórias da Lei. Mas também confirmou o conteúdo essencial e, em sua pessoa, levou a prática da Lei a sua perfeição ao assumir por amor os diferentes tipos de preceitos – morais, cultuais e judiciários – da Lei mosaica, que corresponde às três funções de profeta, de sacerdote e de rei. São Paulo afirma que Cristo é o fim (*telos*) da Lei (Rm 10,4). *Telos* tem, aqui, um sentido duplo. O Cristo é o "fim" da Lei, no sentido de que a Lei é um meio pedagógico, que tem a vocação de conduzir os homens até Cristo. Mas também, para todos aqueles que pela fé vivem nele o Espírito de amor, o Cristo "põe um termo" às obrigações positivas da Lei acrescentadas às exigências da lei natural.[97]

108. Jesus, com efeito, valorizou, de diversas maneiras, o primado ético da caridade, que une inseparavelmente amor a Deus e amor ao próximo.[98] A caridade é o "mandamento novo" (Jo 13,34), que recapitula toda a Lei e dá a chave de interpretação: "Desses dois mandamentos dependem toda a Lei e os Profetas" (Mt 22,40). Ele revela, também, o sentido profundo da regra de ouro. "Não faças a ninguém o que não queres que te façam" (Tb 4,15) torna-se com Cristo o mandamento de amar sem limite. O contexto no qual Jesus cita a regra de ouro é determinante para aprofundar a sua compreensão. Ele se encontra no centro de uma seção que começa pelo mandamento: "Amai os vossos inimigos, fazei o

---

[97] Cf. Gl 3,24-26: "Assim a Lei se tornou nosso pedagogo até Cristo, para que fôssemos justificados pela fé. Chegando, porém, a fé, não estamos mais sob este pedagogo; vós todos sois filhos de Deus pela fé em Cristo Jesus". Sobre a noção teológica de cumprimento, cf. PONTIFÍCIA COMISSÃO BÍBLICA, *O povo judeu e as sagradas escrituras na Bíblia cristã*, especialmente n. 21.

[98] Cf. Mt 22,37-40; Mc 12,29-31; Lc 10,27.

bem aos que vos odeiam" e que culmina na exortação: "Sede misericordiosos como o vosso Pai é misericordioso".[99] Além de uma regra de justiça comutativa, ele assume a forma de um desafio: convida a tomar iniciativa de um amor que é dom de si. A parábola do bom samaritano é característica dessa aplicação cristã da regra de ouro: o centro de interesse passa do cuidado de si para o cuidado do outro.[100] As bem-aventuranças e o sermão da montanha explicam a maneira como se deve viver o mandamento do amor, na gratuidade e no sentido do outro, elementos próprios da nova perspectiva assumida pelo amor cristão. Assim, a prática do amor supera todo fechamento e todo limite. Ela adquire uma dimensão universal e uma força inigualável, pois torna a pessoa capaz de fazer o que seria impossível sem o amor.

109. Mas é, sobretudo, no mistério da santa Paixão que Jesus realiza a lei do amor. Aí, como Amor encarnado, ele revela, de maneira plenamente humana, o que é o amor e o que ele implica: dar a vida por aqueles que se ama.[101] "Tendo amado os seus que estavam no mundo, amou-os até o fim" (Jo 13,1). Por obediência de amor ao Pai e por desejar a sua glória, que consiste na salvação dos homens, Jesus aceita o sofrimento e a morte de cruz em favor dos pecadores. A própria pessoa de Cristo, *Logos* e Sabedoria encarnados, torna-se, assim, a lei vivente, a norma suprema para toda ética cristã. A *sequela Christi* e a *imitatio Christi*

---

[99] Cf. Lc 6,27-36.
[100] Cf. Lc 10,25-37.
[101] Cf. Jo 15,13.

são os caminhos concretos para realizar a Lei em todas as suas dimensões.

5.2. O Espírito Santo e a Lei nova de liberdade

110. Jesus Cristo não é, somente, um modelo ético a imitar, mas, por e em seu mistério pascal, ele é o Salvador, que dá aos homens a possibilidade real de pôr em prática a lei do amor. Com efeito, o mistério pascal culmina no dom do Espírito Santo, o Espírito de amor comum ao Pai e ao Filho, que une os discípulos entre si, a Cristo e, enfim, ao Pai. Ao "derramar o amor de Deus nos corações" (Rm 5,5), o Espírito Santo torna-se o princípio interior e a regra suprema da ação dos fiéis. O seu dom é o de cumprir espontaneamente e de modo justo todas as exigências do amor. "Ora, eu vos digo, conduzi-vos pelo Espírito e não satisfareis os desejos da carne" (Gl 5,16). Assim se cumpre a promessa: "Dar-vos-ei um coração novo, porei no vosso íntimo espírito novo, tirarei do vosso peito o coração de pedra e vos darei coração de carne. Porei no vosso íntimo o meu espírito e farei com que andeis de acordo com os meus estatutos e guardareis as minhas normas e as pratiqueis" (Ez 36,26-27).[102]

111. A graça do Espírito Santo constitui o elemento principal da nova Lei ou da Lei do Evangelho.[103] A prega-

---

[102] Cf. também Jr 31,33-34.
[103] Cf. TOMÁS DE AQUINO, *Summa theologiae*, Ia-IIae, q. 106, a. 1: "Ora, o que há de principal na lei do Novo Testamento, e no que consiste toda a sua virtude, é a graça do Espírito Santo, dada pela fé em Cristo (trad. Alexandre Corrêa, op. cit., p. 1923) (Id autem quod est potissimum in lege novi testamenti, et in quo tota virtus eius consistit, est gratia Spiritus sancti, quae datur

ção da Igreja, a celebração dos sacramentos, as disposições tomadas pela Igreja para favorecer em seus membros o desenvolvimento da vida no Espírito estão totalmente referidas ao crescimento pessoal de cada fiel na santidade do amor. Com a nova Lei, que é uma lei essencialmente interior, a "lei perfeita da liberdade" (Tg 1,25), o desejo de autonomia e de liberdade na verdade, que habita o coração do homem, chega aqui a sua mais perfeita realização. É no mais íntimo da pessoa, habitado por Cristo e transformado pelo Espírito, que brota seu agir moral.[104] Mas essa liberdade está totalmente a serviço do amor: "Vós fostes chamados à liberdade, irmãos. Entretanto, que a liberdade não sirva

---

per fidem Christi. Et ideo principaliter lex nova est ipsa gratia Spiritus sancti, quae datur Christi fidelibus.)

[104] Cf. TOMÁS DE AQUINO, *Summa theologiae*, Ia-IIae, q. 108, a. 1, ad 2: "Ora, a graça do Espírito Santo é como um hábito interior infuso em nós, que nos inclina a agir retamente. Logo nos faz praticar livremente o que convém à graça e evitar o que lhe repugna. Assim, pois, a lei nova se chama lei da liberdade, em dois sentidos. Primeiro, por não nos obrigar a fazer nem a evitar nada, senão o em si mesmo necessário, ou contrário à salvação; e isso entra na ordenação ou na proibição da lei. Em segundo sentido, porque essas ordenações ou proibições, ela nos faz cumpri-las livremente, enquanto as cumprimos por inspiração interna da graça. E por essas duas razões a lei nova é chamada 'lei perfeita da liberdade' (Tg 1,25)" (trad. Alexandre Corrêa, op. cit., pp. 1939-1940). (Quia igitur gratia Spiritus sancti est sicut interior habitus nobis infusus inclinans nos ad recte operandum, facit nos libere operari ea quae conveniunt gratiae, et vitare ea quae gratiae repugnant. Sic igitur lex nova dicitur lex libertatis dupliciter. Uno modo, quia non arctat nos ad facienda vel vitanda aliqua, nisi quae de se sunt vel necessaria vel repugnantia saluti, quae cadunt sub praecepto vel prohibitione legis. Secundo, quia huiusmodi etiam praecepta vel prohibitiones facit nos libere implere, inquantum ex interiori instinctu gratiae ea implemus. Et propter haec duo lex nova dicitur lex perfectae libertatis, Iac. I.)

de pretexto para a carne, mas, pela caridade, colocai-vos a serviço uns dos outros" (Gl 5,13).

112. A nova Lei do Evangelho inclui, assume e realiza as exigências da lei natural. As orientações da lei natural não são, portanto, instâncias normativas exteriores em relação à nova Lei. São uma parte constitutiva desta, se bem que segunda e toda ordenada ao elemento principal, que é a graça de Cristo.[105] É, portanto, à luz da razão iluminada doravante pela fé viva que o homem entende melhor as orientações da lei natural, que lhe indicam o caminho do pleno desenvolvimento de sua humanidade. Assim, a lei natural, de uma parte, mantém "um elo fundamental com a nova Lei do Espírito de vida em Jesus Cristo e, de outra parte, oferece uma larga base de diálogo com as pessoas de outra orientação ou formação, em vista da busca do bem comum".[106]

---

[105] TOMÁS DE AQUINO, *Quodlibeta*, IV, q. 8, a. 2: "A lei nova, lei da liberdade, está constituída por preceitos da lei natural, de artigos de fé e dos sacramentos da graça" (Lex nova, quae est lex libertatis [...] est contenta praeceptis moralibus naturalis legis, et articulis fidei, et sacramentis gratiae).

[106] JOÃO PAULO II, Discurso de 18 de janeiro de 2002 (*AAS* 94 [2002], p. 334).

CONCLUSÃO

113. A Igreja Católica, consciente da necessidade de os homens procurarem em comum as regras de um viver juntos na justiça e na paz, deseja partilhar com as religiões, as sabedorias e as filosofias do nosso tempo, os recursos do conceito de lei natural. Nós chamamos de lei natural o fundamento de uma ética universal, que buscamos extrair da observação e da reflexão sobre a nossa condição humana comum. Ela é a lei moral inscrita nos corações dos homens e da qual a humanidade toma mais e mais consciência à medida que avança na história. Essa lei natural não tem nada de estático na sua expressão. Ela não consiste em uma lista de preceitos definitivos e imutáveis. Trata-se de uma fonte de inspiração sempre jorrando na busca de um fundamento objetivo para uma ética universal.

114. A nossa convicção de fé é que Cristo revela a plenitude do que é humano, que se realiza em sua pessoa. Mas essa revelação, por mais específica que seja, agrega e confirma os elementos já presentes no pensamento racional das sabedorias da humanidade. O conceito de lei natural é, antes de tudo, filosófico e, como tal, permite um diálogo que, respeitando as convicções religiosas de cada um, apela ao que há de universalmente humano em cada indivíduo. Uma permuta no plano da razão é possível quando se trata de experimentar e de dizer o que há de comum a todos os homens dotados de razão e de estabelecer as exigências da vida em sociedade.

115. A descoberta da lei natural responde à busca de uma humanidade que, desde sempre, se esforça por estabelecer regras para a vida moral e para a vida em sociedade. Essa vida em sociedade abarca todo um arco de relações, que vai desde a célula familiar até as relações internacionais, passando pela vida econômica, a sociedade civil e a comunidade política. Para poder ser reconhecida por todos os homens e em todas as culturas, as normas do comportamento na sociedade devem ter sua fonte na própria pessoa humana, em suas necessidades e em suas inclinações. Tais normas, elaboradas pela reflexão e sustentadas pelo direito, podem, assim, ser interiorizadas por todos. Após a segunda Guerra mundial, as nações do mundo inteiro souberam se dar uma *Declaração Universal dos Direitos Humanos*, que sugere implicitamente que a origem dos diretos humanos inalienáveis se situa na dignidade de toda pessoa humana. A presente contribuição não tem outra finalidade a não ser a de ajudar a refletir sobre essa origem da moralidade pessoal e coletiva.

116. Ao trazer nossa contribuição própria à busca de uma ética universal, e ao propor um fundamento racional justificável, desejamos convidar os especialistas e os porta-vozes das grandes tradições religiosas, sapienciais e filosóficas da humanidade a proceder a um trabalho análogo a partir de suas próprias fontes, a fim de chegar a um reconhecimento comum de normas morais universais fundamentadas sobre uma abordagem racional da realidade. Esse trabalho é necessário e urgente. Devemos conseguir dizer a nós mesmos, indo além das diferenças de nossas convicções religiosas e da diversidade de nossos pressupostos culturais, quais são os valores fundamentais para nossa humanidade comum, de modo a trabalhar juntos para promover compreensão, reconhecimento mútuo e cooperação pacífica entre todos os membros da família humana.

SUMÁRIO

INTRODUÇÃO..3

CAPÍTULO 1 – CONVERGÊNCIAS 15

CAPÍTULO 2 – A PERCEPÇÃO
DOS VALORES MORAIS COMUNS 45

CAPÍTULO 3 – OS FUNDAMENTOS
TEÓRICOS DA LEI NATURAL 65

CAPÍTULO 4 – A LEI NATURAL
E A SOCIEDADE 83

CAPÍTULO 5 – JESUS CRISTO,
REALIZAÇÃO DA LEI NATURAL 95

CONCLUSÃO 105

Impresso na gráfica da
Pia Sociedade Filhas de São Paulo
Via Raposo Tavares, km 19,145
05577-300 - São Paulo, SP - Brasil - 2009